PREFACE.

tion où ils sont parvenus dans les differens âges du monde. Le dessein m'en parut aussi tres-loüable, puisqu'il n'alloit qu'à faire honneur à nostre siecle, en faisant voir que toutes les Sciences & tous les Arts n'ont jamais esté si florissans qu'ils le sont aujourd'huy; mais ce qui m'en plut davantage, c'est que je crus que personne ne pourroit se plaindre de mon entreprise. Je crus qu'en élevant le merite des excellens hommes de ce temps-cy, je ne ferois rien qui ne leur fust agreable, & que s'il m'arrivoit de m'opposer un peu aux loüanges sans bornes dont la Prevention est si prodigue pour

PREFACE.

tous les anciens Auteurs; & de reduire l'estime qu'on en doit faire à sa juste valeur, ces Auteurs estoient éloignez de moy d'un si long espace de temps, que ny eux, ny ceux qui les aiment le plus ne s'aviseroient jamais de s'en tenir pour offensez. Je me regardois dans cette situation comme ceux qui voulant joüer à la longue paume, vont se mettre dans une pleine campagne éloignée de tous chemins & de toutes habitations pour estre bien asseurez de ne blesser personne; cependant je me suis fort trompé dans cette pensée. D'excellens hommes de nostre temps que j'ay loüez &

ã iij

PARALELLE DES ANCIENS ET DES MODERNES,

OU IL EST TRAITTE'
DE L'ASTRONOMIE,
de la Geographie, de la Navigation,
de la Guerre, de la Philosophie, de la
Musique, de la Medecine, &c.

CINQUIE'ME ET DERNIER DIALOGUE.

Par M. PERRAULT *de l'Académie Françoise.*

TOME QUATRIE'ME.

A PARIS,
Chez JEAN BAPTISTE COIGNARD, Imprimeur
ordinaire du Roy, & de l'Academie Françoise,
ruë S. Jacques, à la Bible d'or.

MDCLXXXXVII.

AVEC PRIVILEGE DE SA MAJESTE'.

PREFACE.

QUAND je pris la resolution de faire le Paralelle des Anciens & des Modernes, pour me donner un amusement honneste & agreable, & empescher par-là que mon loisir ne degenerast en oisiveté, je m'applaudis de mon choix par bien des raisons. Il me sembla que le sujet estoit un des plus beaux qu'un homme de lettres pût traitter, puisqu'il embrassoit en quelque sorte toutes les Sciences & tous les Arts dont il falloit examiner les differens degrez de perfec-

ã ij

PREFACE.

dont j'ay cité les ouvrages comme des preuves incontestables de la superiorité de nôtre siecle, ont mieux aimé se fascher de l'injustice qu'ils pretendent que j'ay faite aux Anciens, que de me sçavoir gré de la justice que je leur ay renduë. Leur zele plein d'une generosité difficile à comprendre, s'est tellement allumée pour la gloire de ces illustres Morts, où il sembloit qu'ils ne devoient pas prendre plus d'interest que mille autres Sçavans hommes qui n'ont rien dit ; qu'il a fallu pour éteindre une cruelle guerre, dont la Republique des lettres commençoit d'estre agitée, que je me sois arresté tout court.

PREFACE.

J'avois promis au Public dans le volume precedent de faire dans celuy-cy un examen exact des plus beaux endroits des Poëtes Anciens & des Modernes, & de les comparer ensemble. J'avois à cet effet traduit en Prose Françoise ces mesmes endroits pour mieux juger du sens & de la beauté des pensées qu'ils renferment. J'avois déja jetté sur le papier une grande partie des raisons qu'on peut apporter de part & d'autre; en un mot tous mes materiaux estoient prests, & je n'avois plus qu'à les mettre en œuvre; mais l'amour de la Paix m'a fait abandonner cet ouvrage, & j'ay mieux aimé me

PREFACE.

priver du plaisir de prouver la bonté de ma cause d'une maniere qui me paroissoit invincible, plaisir qui n'est pas indifferent à une homme qui écrit, que d'estre brouillé plus long-temps avec des hommes d'un aussi grand merite que ceux que j'avois pour adversaires, & dont l'amitié ne sçauroit s'achepter trop cher.

Peut-estre que le Public qui en pareille rencontre aime toûjours mieux la guerre que la paix, se plaindra de ne pas voir le travail que je luy avois promis, dans la pensée que ce travail auroit pû estre utile & agreable ; peut-estre aussi est-ce un bonheur que j'aye esté obligé de changer de ma-

PREFACE.

tiere, puisque la Poësie, toute aimable qu'elle est, peut ennuyer quand on en parle trop long-temps. Quoy-qu'il en soit, je passe dans ce Dialogue à l'examen des autres Arts & des autres Sciences, où mon dessein n'est pas de prouver simplement que les Modernes y sont plus habiles que les Anciens (car cet avantage ne leur est pas contesté) mais de faire voir combien ils ont esté plus loin dans la connoissance exacte de tous ces arts & de toutes ces Sciences.

J'ose dire qu'on trouvera de bonnes choses dans ce Dialogue, ce que je n'aurois eu garde de promettre de ceux qui l'ont précedé, parce que

PREFACE.

j'ay esté secouru dans celuy-cy par une partie de ce qu'il y a de plus habiles gens dans le Royaume, par Messieurs de l'Academie Royale des Sciences, qui ont bien voulu me donner des memoires sur les choses dont chacun d'eux fait une profession particuliere. J'avoüe cependant qu'il s'en faut beaucoup que j'aye icy traitté à fond les matieres dont je parle; mais quand j'aurois eu toute la capacité que demanderoit un dessein aussi vaste que celuy-là, je me serois bien donné de garde de l'entreprendre, ma vie n'y auroit pas suffi, & je n'aurois fait autre chose que de pousser à bout la patience de mes

PREFACE.

Lecteurs. D'ailleurs je croy en avoir dit plus qu'il n'en faut pour établir une propofition qui dans la verité n'auroit gueres befoin d'eftre prouvée.

Je ne fçay pas quel fuccez aura ce quatriéme & dernier volume de mes Paralelles, mais je n'ay pas lieu d'eftre malcontent des trois premiers volumes, veu le nombre de ceux qui fe font rendus à mon opinion, ou du moins qui en ayant toûjours efté, ont ofé fe declarer ouvertement; car il falloit qu'un aventurier comme moy qui n'avoit rien à perdre, rompift la glace, pour enhardir des gens fages & en reputation

PRÉFACE.

d'hommes sçavans à faire un tel aveu. J'ay eu encore la satisfaction que personne ne m'a convaincu que j'eusse tort.

Je croirois aisément que le peu d'estime qu'on a fait de mon Ouvrage est cause qu'on ne s'est pas donné la peine d'y répondre un seul mot, mais le chagrin, la colere & l'indignation que plusieurs Sçavans en ont fait paroistre ne sont point les marques d'un vray mepris, & je suis seur que l'on m'auroit coulé à fond par une bonne & solide critique si on l'avoit pû faire, & si mon opinion n'estoit pas aussi vraye qu'elle est vray-semblable. J'ay prié plus d'une fois di-

PREFACE.

verses personnes qui se meslent d'écrire & qui se trouvoient sçandalizées de mon
Paradoxe, de vouloir bien
me desabuser, je leur ay re-
presenté qu'il n'estoit pas necessaire de composer un livre
pour détruire le mien, que
deux ou trois pages d'écriture
suffiroient, & que la chose &
le Public meritoient bien
qu'ils se donnassent cette peine ; pas un d'eux n'a eu égard
à ma remontrance. Quoy-
qu'il en soit, je me suis diver-
ti, & c'est de quoy il s'agissoit
principalement. Si dans la suite on me fait voir que j'ay eu
tort, je n'auray pas moins de
plaisir à rentrer dans la bonne voye que j'en ay presen-

PREFACE.

tement à pouvoir croire que je ne me suis pas égaré.

On trouvera à la fin de ce Dialogue, une Lettre qui à la verité ne regarde point le sujet particulier de ce Volume, mais que j'ay cru neanmoins y devoir mettre, comme une des pieces du procés.

EXTRAIT DU PRIVILEGE du Roy.

PAr Lettres patentes de Sa Majesté, données à Versailles le 23. jour de Septembre 1688. signées par le Roy en son Conseil, BOUCHER: Il est permis à JEAN BAPTISTE COIGNARD, Imprimeur ordinaire du Roy à Paris, d'imprimer, vendre & debiter pendant le temps de huit années, un Livre intitulé *Paralelle des Anciens & des Modernes, en ce qui regarde les Arts & les Sciences, Dialogues*: composez par le sieur PERRAULT, de l'Académie Françoise: Avec deffenses à tous autres d'imprimer, vendre & debiter ledit Livre, sur les peines portées à l'original dudit Privilege.

Regiſtré ſur le Livre de la Communauté des Imprimeurs & Libraires de Paris, le 5. Octobre 1688.

Signé J. B. COIGNARD, Syndic.

Achevé d'imprimer le 27. Novembre 1696.

PARALELLE

PARALELLE DES ANCIENS ET DES MODERNES;

OU IL EST TRAITÉ DE L'ASTRONOMIE, de la Geographie, de la Navigation, de la Guerre, de la Philofophie, de la Medecine, de la Mufique, &c.

Cinquiéme & dernier Dialogue.

LE CHEVALIER.

Puifque la pluye continuë toûjours, je croy que nous ne fçaurions mieux faire que de reprendre noftre difpute où nous l'avons laiffée, & de lire le Memoire de Monfieur l'Abbé, où il oppofe les plus beaux endroits des Anciens aux plus beaux endroits des Modernes.

L'ABBÉ.

Je le veux bien. Voicy le debut

de l'Iliade. Aprés que nous l'aurons examiné, je vous liray celuy de l'Eneïde, ensuite celuy de la Jerusalem délivrée, & puis celuy de la Pucelle.

LE CHEVALIER.

Celuy de la Pucelle?

L'ABBE'.

Oüy, celuy de la Pucelle; & pourveu que vous puissiez vous défaire de toute prévention, vous trouverez peut-estre que je n'ay pas tout le tort que vous croyez.

LE CHEVALIER.

J'en doute fort; cependant voyons ce qui en est.

L'ABBE'.

Je ne rapporte point ces beaux endroits en leur propre langue, comme je l'ay déja dit, parce qu'il ne s'agit pas entre nous des graces de la diction, qui en langues differentes ne peuvent pas se comparer ensemble ; j'en rapporte seulement le sens & les pensées, dont la beauté est la mesme dans toutes les Langues, & dont on pourra mieux juger dans une Prose Françoise également favorable & aux uns & aux autres, que si je rapportois le texte original.

LE CHEVALIER.

C'est-à-dire que nous allons mettre papiers sur table, & juger le procés par écrit.

L'ABBE'.

Justement. Si aprés un tel examen nous ne découvrons pas la verité, du moins ne sera-ce pas faute d'y avoir apporté beaucoup de précaution.

LE PRESIDENT.

Cela est le mieux du monde; mais quelques bonnes que soient vos Traductions, croyez-vous en bonne foy, Monsieur l'Abbé, qu'elles approchent de la beauté, de la grandeur & de la délicatesse des Vers d'Homere & de Virgile.

LE CHEVALIER.

Monsieur l'Abbé ne prétend pas que sa Prose Françoise égale en beauté les Vers d'Homere & de Virgile, de mesme qu'il ne prétend pas qu'elle soit comparable aux Vers des Poëtes Italiens & François qu'il leur oppose.

L'ABBE'.

Je suis persuadé que cela est égal de part & d'autre ; ou s'il y a quelque preference à donner là-dessus, qu'elle est dûë à la Langue Françoise, à cause de l'harmonie de ses Vers qui surpasse de beaucoup celle de toutes les autres Langues.

LE PRESIDENT.

Cela se peut-il dire? Quoy une

Langue qui n'eſt pas une Langue, mais un jargon & une corruption barbare de la Langue Latine, oſera non ſeulement ſe comparer avec celle dont elle tient ſon eſtre, mais prétendra l'emporter au deſſus d'elle ?

LE CHEVALIER.

Pourquoy non ? Seroit ce la premiere fois qu'on auroit vû une fille plus belle que ſa mere ?

LE PRESIDENT.

Croyez-vous Monſieur le Chevalier, qu'une comparaiſon prouve rien ?

LE CHEVALIER.

Je ne veux rien prouver, Monſieur le Preſident, je n'ay deſſein en tout cecy que de m'inſtruire & de me rejoüir.

L'ABBE'.

Il eſt certain que la varieté des

sons dans une Langue, en fait la principale harmonie; & il est certain aussi que nulle Langue, soit morte, soit vivante ne se peut comparer à la Françoise sur cet article. Nostre seul E feminin inconnu au Grec & au Latin, & presque à toutes les autres langues, forme plus de cinq cens differens sons, qui ont tous une douceur & un agrément que n'ont point ny l'E masculin, ny toutes les autres voyelles. Non seulement les terminaisons que forme l'E feminin sont tres-agreables en elles-mêmes; mais le mélange judicieux qu'on en fait avec les terminaisons masculines, fait un tres-grand plaisir à l'oreille. Il ne faut que voir la différence qu'il y a entre des Vers, tous sur des rimes masculines, ou tous sur des rimes feminines, comme on en trouve dans les vieux Poëtes François, & des Vers où ces rimes sont entremêlées.

LE CHEVALIER.

C'est ce mélange bien entendu, qui fait que les Stances ont tant de grace & tant de force.

L'ABBE'.

Sans avoir recours à la Poësie, il ne faut que comparer une periode dont tous les membres auront une terminaison masculine ou une terminaison feminine, avec une periode où on aura eu soin de varier les terminaisons dans chacun de ses membres.

LE PRESIDENT.

Cela ne vient que de l'accoustumance où on est là-dessus; mais combien nostre Langue seroit-elle plus belle si elle n'avoit point de ces syllabes feminines, ou pluftost de ces syllabes effeminées, qui ne sont dans la verité que des sons imparfaits qui la rendent foible, molle & languissante?

L'ABBE'.

Dites pluſtoſt qui la rendent douce, tendre & agreable. Je demeure d'accord que les ſyllabes feminines n'ont pas un ſon parfait, c'eſt-à-dire un ſon plein & tout à fait marqué, mais bien loin que ces ſortes de ſyllabes gaſtent l'harmonie de la Langue, elles l'augmentent & l'embelliſſent infiniment en ſe meſlant aux ſyllabes maſculines. Permettez-moy pour m'expliquer de comparer les ſons avec les couleurs. N'eſt il pas vray qu'un tableau où il n'y auroit que des couleurs parfaites, c'eſt à dire des couleurs dans le degré de leur plus grande force, comme du vray rouge, du vray bleu, du vray jaune, & ainſi des autres couleurs, ſeroit moins beau & moins agreable que les tableaux ordinaires où il entre des couleurs douces & moyennes, comme de la couleur de chair, de la couleur de roſe du gris de lin, & toutes les nuances des autres couleurs fortes & completes? Souffrez que j'ajoûte encore une comparaison prise d'une chose qui approche davantage de nostre sujet, c'est de la Musique; car le chant n'est en quelque sorte qu'une prononciation plus marquée & plus pathetique que la prononciation ordinaire. Du temps de nos Peres, les Musiciens n'employoient presque que des accords parfaits dans leurs Compositions; ils n'avoient garde d'appuyer sur une fausse quinte, ny mesme sur une sixiéme, parce que ce sont des accords imparfaits : bien loin de se hazarder à faire une septiéme ou une seconde, qui sont de pures dissonnances. Aujourd'huy, non seulement on n'en fait aucune difficulté, mais on convient que c'est de ces accords imparfaits, & de ces sortes de dissonnances bien placées & bien sauvées que se forme la plus excellente Musique. Celle de nos Peres qui n'estoit presque composée que d'accords parfaits ne peut plus se souffrir, & s'appelle aujourd'huy du *gros fa* par les moindres écoliers en Musique.

LE PRESIDENT.

Comme les meilleures comparaisons clochent toûjours, de bonnes raisons feroient plus propres à me convaincre.

L'ABBE'.

Ne vous ay-je pas donné de bonnes raisons, quand j'ay dit que le meslange des syllabes feminines avec les masculines faisoit une varieté qui embelissoit nostre Langue, parce que la Nature n'aime rien tant que la varieté, ou quand j'ay ajoûté que quelques beaux que soient en eux-mesmes les sons parfaits ou masculins, ils deviennent encore plus beaux quand ils viennent ensuite des sons imparfaits ou feminins ; car il est constant que lorsque d'un son imparfait qui laisse quelque chose à desirer à l'oreille, ou qui la blesse si vous voulez, on passe à un son parfait qui la contente pleinement, ce passage augmente son plaisir & luy fait trouver plus de goust que si ces accords parfaits se succedoient toûjours immediatement les uns aux autres. C'est par cette raison que Socrate trouva de la volupté à se gratter les jambes dont on venoit d'oster les fers, & dit si agreablement que le plaisir estoit le fils de la douleur, laquelle mouroit en le mettant au monde. Mais laissons tout cela puisque nous ne devons juger icy que du sens & des pensées de nos Auteurs, & nullement de leurs expressions. Je ne comprens pas d'ailleurs pourquoy Monsieur le President insiste si fort sur l'harmonie des vers d'Homére, puisqu'il est constant qu'Homére a fait trois fautes de quantité dans le premier Vers de son Iliade, & par consequent trois fautes contre l'harmonie.

LE CHEVALIER.

Homére a fait trois fautes de quantité dans le premier Vers de l'Iliade? Vous vous moquez Monsieur l'Abbé.

L'ABBE'.

Je ne me moque point, il me seroit aisé de vous les faire toucher au doigt & à l'œil. Dydimus les a marquées toutes trois dans le second Livre de sa Poëtique, Giraldus & Spondanus en ont fait autant ; mais ce qui est bien plus décisif à l'égard de Monsieur le President, c'est qu'un Auteur ancien tres-celebre l'a dit il y a plus de quinze cens ans.

LE CHEVALIER.

Qui est l'audacieux Mortel qui a osé avancer une telle proposition?

Je ne m'étonne plus qu'on ait trouvé des taches dans le Soleil.

L'ABBE'.

Cet audacieux Mortel est le sage & judicieux Plutarque qui l'a dit formellement dans le Traité qu'il a fait des moyens de connoistre si on avance dans la vertu.

LE CHEVALIER.

Il n'y a qu'heur & malheur dans le monde, un début tel que celuy d'Homére renverseroit aujourd'hui un homme à n'en relever jamais.

L'ABBE'.

Voicy donc le commencement de l'Iliade. Chantez Deesse la colere « pernicieuse d'Achile fils de Pelée, « laquelle a causé une infinité de « maux aux Grecs. Elle a envoyé « dans les Enfers avant le temps les « ames fortes de plusieurs Heros, & « livré leurs corps aux chiens & aux « oiseaux pour en estre déchirez, «

» (or en tout cela s'accomplissoit la
» volonté de Jupiter) depuis qu'A-
» gamemnon Roy des hommes, &
» le divin Achille se separerent en
» se querellant. Quel fut celuy des
» Dieux qui les porta à se quereller ?
» Ce fut le fils de Latone & de Jupi-
» ter, qui estant fâché contre le Roy
» répandit dans l'armée une cruelle
» maladie qui fit mourir beaucoup
» de monde, parce qu'Agamemnon
» avoit fait un affront au Prestre
» Chryses. Voilà l'invocation, l'ex-
position du sujet, & le commencement de la narration de l'Iliade.

LE PRESIDENT.

Ce que vous venez de lire, dit en gros la pensée d'Homére ; mais, ô Ciel ! que de beautez dans l'original qui n'ont point passé dans vostre Traduction !

L'ABBE',

Ma Traduction est pourtant mot à mot & fort fidelle.

LE CHEVALIER.

Un amant ne trouve jamais le portrait de ſa Maiſtreſſe aſſez beau ny aſſez reſſemblant.

L'ABBE'.

Il eſt vray que la Prévention n'eſt pas moins ingenieuſe que l'Amour à trouver de grandes beautez où ſouvent il n'y en a gueres.

LE PRESIDENT.

Il eſt encore plus vray que le manque de gouſt n'eſt pas moins aveugle que l'ignorance pour ne pas voir des beautez qui frappent les yeux de tous ceux qui ont quelque peu de bon ſens & de diſcernement.

L'ABBE'.

Briſons-là, Monſieur le Preſident, je ne veux point m'échauffer pour des bagatelles, & moins encore donner occaſion à mes amis de ſe mettre en colere.

LE PRESIDENT.

Je ne suis point en colere, mais je vous avouë que.....

L'ABBE'.

Je serois bien fasché que vous eussiez dit de sang froid ce qui vient de vous échapper ; mais parlons d'autre chose.

LE CHEVALIER.

J'en suis fort d'avis, car quoy que nous perdions beaucoup à ne pas entendre plus long-temps Monsieur l'Abbé sur cette matiere, je seray bien-aise que nous changions de propos ; la Poësie est assurément une chose fort agreable, mais il est ennuyeux d'en entendre toûjours parler. Pour nous dépaïser entierement parlons de l'Astronomie, & montons dans le Ciel. Du milieu des Etoiles où nous serons, Homére nous paroîtra si petit que nous serons honteux de nous eftre faschez pour si peu de chose.

LE PRESIDENT.

Je demeure d'accord que les Modernes sont superieurs aux Anciens sur le fait de l'Astronomie, & il n'est pas besoin que Monsieur l'Abbé se donne la peine de le prouver.

L'ABBE'.

Cela ne doit pas m'empescher de parler de l'Astronomie, ny de toutes les autres Sciences où l'on ne dispute point la preference aux Modernes ; car mon dessein n'est pas de faire voir simplement que nous l'emportons sur les Anciens, mais de combien nous l'emportons, & par quels degrez tous les Arts & toutes les Sciences, de foibles & d'imparfaites qu'elles estoient chez les Anciens, sont parvenuës au point de perfection où elles sont aujourd'huy parmy les Modernes.

Je n'ay point assurément la capacité necessaire pour bien sortir d'une entreprise aussi vaste, aussi difficile . . . . .

LE CHEVALIER.

Il ne s'agit point icy de faire le modeste, mais de prouver vostre dire le mieux que vous pourrez.

L'ABBE'.

Il faut vous obeïr. Comme chacun fait valoir son métier, il y a des Astronomes qui assurent que les hommes n'ont le visage tourné vers le Ciel à la difference des bestes brutes qui l'ont tourné vers la Terre, que pour regarder les Astres & estudier l'Astronomie; que mesme les hommes n'ont vescu long-temps dans le commencement du monde, que pour se mieux perfectionner dans cette science la plus belle, la plus noble & la plus necessaire de toutes.

LE CHEVALIER.

Voilà de quoy faire un beau preambule pour un Almanach.

L'ABBE'.

Cela a efté dit pourtant par des Auteurs fort graves.

LE CHEVALIER.

Et anciens?

L'ABBE'.

Et anciens. Quoy qu'il en foit, l'Aftronomie eft de toutes les Sciences celle où les Amateurs de l'Antiquité demeurent le plus aifément d'accord que les Anciens le cedent aux Modernes ; cependant il n'y en a peut-eftre pas une où ils puffent fouftenir plus facilement le contraire.

LE CHEVALIER.

Vous m'eftonnez. D'où vient qu'ils lafchent le pied fi aifément sur cet article ? Est-ce que les grandes Lunettes de l'Observatoire les épouvantent ?

L'ABBE'.

Je croy qu'il en est quelque chose, & en cela ils n'ont pas trop de tort, car elles sont d'un tres-grand secours pour l'Astronomie ; mais cela vient principalement de ce que ces Amateurs de l'Antiquité ne sont la pluspart que des Grammairiens, ou tout au plus que des Orateurs ou des Poëtes qui abandonnent sans peine les Arts & les Sciences où ils ne connoissent presque rien ; car s'ils avoient quelque teinture de l'Astronomie ils pourroient soustenir que les hommes des premiers siecles, qui ont passé toute leur vie à contempler les Astres dans un plein repos, & qui la pluspart les ont observez dans des Païs où le Ciel est toûjours serein, ont pû faire des observations plus suivies & plus exactes que les noſtres, particulierement touchant les grandes revolutions, comme celle qu'on nomme la grande année, qui eſt de ſix cens ans, au bout deſquels le Soleil & la Lune reviennent au meſme point d'où ils ont commencé leur cours ; parce qu'un homme ſeul a pu faire facilement cette obſervation, au lieu qu'il faut preſentement la vie de quinze ou vingt hommes qui ſe ſaccedent conſecutivement, & que d'ailleurs on ne joüit point icy d'un Ciel auſſi ſerein qu'il eſt dans pluſieurs des climats où ont veſcu les premiers hommes.

LE PRESIDENT.

Vous m'avez pris, Monſieur l'Abbé, ce que je voulois dire; à quoy j'ajouſteray qu'il peut s'eſtre perdu beaucoup de belles obſervations, qui jointes enſemble, feroient un amas de connoiſſances touchant l'Aſtronomie gueres moins important que toutes les découvertes des Modernes.

L'ABBE'.

Je croy avoir déja prouvé que les découvertes de cette nature-là ne se perdent point ; mais quand la chose seroit comme vous le dites, vous n'en tireriez aucun avantage. Car nous n'avons rien à démesler avec les hommes de devant le Deluge, ny mesme avec ceux qui ont vescu immediatement aprés. Les Anciens, dont il s'agit entre nous, & dont nous comparons les ouvrages avec ceux des Modernes, ne montent gueres plus haut que le siecle d'Homére, & ne descendent gueres plus bas que celuy de Virgile.

LE CHEVALIER.

Il est vray que cet espace de temps, de mesme que l'espace de Terre qui contient la Grece & l'Italie, renferment, selon le systême de la plufpart des Amateurs de l'Antiquité, tout ce qu'il y a jamais eu de vray efprit, de vraye valeur & de vraye fageffe. Dans tous les autres temps & dans tous les autres climats de l'Univers, il n'y a jamais eu, & il n'y aura jamais felon eux, que barbarie & ignorance ; ou s'il fe trouve en ces derniers temps & en ces païs-cy, quelque fcience & quelque politeffe, tout cela n'eft qu'un foible épanchement des lumieres de la belle & docte Antiquité, ou le fruit de l'imitation des grands modelles qu'elle nous a laiffez.

L'ABBE'.

Ne touchons plus là, Monfieur le Chevalier, & difons qu'Hipparchus eft le premier des anciens Aftronomes qu'on peut dire avoir fçû veritablement ce que c'eft que l'Aftronomie.

LE PRESIDENT.

Combien d'autres avant luy y ont-ils excellé ? Les Atlas, les Bellerophons & les Promethées n'eſtoient autre choſe que de grands Aſtronomes, qui ayant paſſé preſque toute leur vie ſur le ſommet des plus hautes montagnes à obſerver les Aſtres, ont donné lieu par-là aux fables qu'on en raconte, & ont eſté regardez comme des Demy-Dieux.

LE CHEVALIER.

Ce n'eſt pas une marque fort ſeure d'un grand merite, que d'avoir eſté regardé comme un Demi-Dieu, ny meſme d'avoir eſté fait Dieu tout entier. J'ay lû * quelque part qu'un Charpentier ayant coupé un grand arbre, fit une poutre & des ſolives de ce qu'il y avoit de beau bois dans cet arbre, qu'il fit faire des fagots des menus bran-

* Sageſſe, chap. 17.

chages;

chages ; & qu'ayant rencontré un morceau de cet arbre fort tortu & fort noueux, il en fit un Dieu, ne pouvant en faire rien de meilleur. En un mot, je suis seur qu'il falloit bien moins de sçavoir en ce temps-là pour estre mis au nombre des Astronomes Demi-Dieux, que pour estre receu à l'Académie des Sciences.

L'ABBE'.

Il est certain que tous ces Astronomes de la Fable n'en sçavoient gueres plus que nos faiseurs d'Almanachs, puisque le celebre Hipparchus, dont je viens de parler, asseure que tous ceux qui l'ont precedé ne predisoient les Eclipses, que parce qu'ils avoient observé qu'au bout de dix-neuf ans elles revenoient à peu prés aux mesmes jours. Il ajoûte qu'aucun d'eux n'a rien démonstré, ny achevé aucun ouvrage. Ptolomée est le premier qui a fait des Tables astronomiques qui fussent justes, & en un mot celuy des Anciens qui a eu le plus de reputation. Nous n'avons qu'à examiner ce que les Astronomes qui sont venus depuis ont ajoûté à ses connoissances. Pappus qui vescut six-vingts ans aprés Ptolomée, remarqua que l'obliquité de l'éclyptique n'estoit pas telle que l'avoit crû ce grand Astronome. Quatre cens ans aprés Albuteqnius trouva que les Etoilles fixes parcouroient un degré en l'espace de soixante-dix ans, au lieu que Ptolomée leur donnoit cent ans pour faire ce chemin ; & mesme il composa un Livre de la science des Etoilles, où il redresse Ptolomée en plusieurs endroits. En l'année 1260. ou environ, Alphonse Roy de Castille fit faire de nouvelles Tables beaucoup plus exactes & plus justes. Il assembla pour y parvenir tout ce qu'il put trouver de Mathematiciens Juifs & Arabes, & ces Tables luy revinrent à plus de quatre cens mille écus. Avec tout cela ils se tromperent de deux degrez ou environ, sur le vray lieu des Etoilles fixes.

LE CHEVALIER.

De telles erreurs commises par un si grand nombre d'Astronomes assemblez & bien payez, donnent lieu de croire que leurs predecesseurs, qui n'avoient travaillé qu'en leur particulier, en ont fait beaucoup d'autres bien plus grossieres.

L'ABBE'.

Deux cens ans aprés ou environ, Purbachius & Jean de Montroyal son disciple remarquerent une partie des défauts de ces Tables. Copernic, qui leur succeda, en fit de plus justes que les Alphonsines, mais pourtant encore défectueuses en beaucoup d'endroits ; ce qu'ayant luy-mesme reconnu, il exhorta Georges Joachim son disciple de travailler à les corriger, particulierement touchant les E-toilles fixes, & fur tout celles du Zodiaque, fans quoy rien ne peut eftre jufte dans l'Aftronomie. Il propofa un Syftême du Monde fort different de celuy qui eftoit alors univerfellement receu, mais beaucoup plus commode pour faire comprendre aifément les mouvemens apparens de tous les corps celeftes. Il eft vray qu'il ne put fatisfaire à quelques objections que l'on luy fit fur ce Syftême, mais il dit que le temps en découvriroit la verité; ce qui eft arrivé, comme il l'avoit predit, car les Lunettes d'approche ayant efté trouvées quelques années aprés fa mort, on connut par leur moyen qu'il n'y avoit rien de folide dans les objections qu'on luy avoit faites. En voicy une des principales. S'il eftoit vray, luy difoit-on, que la Planette de Venus s'approchaft beaucoup de la Terre en de certains temps, & qu'en d'autres elle s'en éloignaſt beaucoup, comme vous le pretendez, il faudroit que cette Planette nous paruſt fort grande quand elle eſt proche de la Terre, & fort petite quand elle en eſt fort éloignée. Or il eſt conſtant qu'elle nous paroiſt toûjours de la meſme grandeur à peu prés, & par conſequent elle ne peut pas s'approcher & s'éloigner de la Terre d'une diſtance auſſi conſiderable que vous le dites. L'objection ſembloit inſurmontable, cependant elle ne valoit rien. On a connu par le moyen des Lunettes d'approche, que Venus eſtoit une eſpece de Lune qui a ſon croiſſant, ſon plein & ſon décours, & qu'ainſi elle eſt beaucoup plus lumineuſe en un temps que dans un autre ; on a connu encore que quand elle eſt en ſon croiſſant ou en ſon décours elle eſt fort proche de la Terre, & que quand elle eſt en ſon plein elle en eſt fort éloignée, ce qui fait qu'elle nous paroift toûjours de la mefme grandeur, parce que fi elle perd beaucoup de la grandeur qu'elle a dans fon plein, en s'éloignant beaucoup de la Terre, elle en regagne beaucoup en s'en approchant lorfqu'elle eft dans fon croiffant ou dans fon décours. Tichobrahé vint enfuite qui.....

LE CHEVALIER.

D'où vient que vous ne vous arreftez point à l'opinion de Copernic, qui veut que la Terre tourne autour du Soleil, & non pas le Soleil autour de la Terre.

L'ABBE'.

Je ne m'y arrefte pas, parce que cela importe peu au fonds de l'Aftronomie, & que le Syftême qui le fuppofe ainfi ne doit eftre regardé que comme un moyen qu'on a trouvé de rendre raifon plus aifément de tous les mouvemens des corps celeftes.

LE CHEVALIER.

La chose cependant me semble meriter qu'on y fasse quelque attention.

L'ABBE'.

Quelque attention qu'on y fasse on ne peut establir aucune preuve bien asseurée de cette opinion ; & comme elle blesse beaucoup d'Esprits, on peut, & il faut mesme s'en passer, quelque commode & vraisemblable qu'elle soit. Tichobrahé qui vint aprés Copernic fit un autre Systême à peu prés semblable, avec lequel il prétendit pouvoir encore mieux rendre raison de toutes choses. Il faut laisser aux Astronomes à décider lequel de ces deux Systêmes est le meilleur. Tichobrahé ayant fait plusieurs observations à l'occasion d'une nouvelle Etoille qui parut au commencement de l'année 1572. dans la constellation de Cassiopée, & qui y parut pendant plus de seize mois parvint à la connoissance du vray lieu des Etoilles fixes, excité par l'exhortation que Copernic en avoit faite à son disciple, comme je l'ay déja remarqué, & par le besoin qu'il avoit de le sçavoir pour bien parler de cette nouvelle Etoile; il connut ensuite presque toutes les erreurs de ceux qui l'avoient precedé. Frideric second, Roy de Dannemarc y contribua beaucoup par la dépense qu'il fit en instrumens d'Astronomie, & sur tout en la construction d'un Observatoire dans l'Isle d'Huene, auquel il donna le nom d'Uranibourg; Tichobrahé commença par bien establir la hauteur du Pole par le moyen des Etoilles qui sont autour : de là tirant la hauteur de l'Equateur, il trouva l'apogée du Soleil, son excentricité & le point veritable de l'Equinoxe du Printemps, s'estant servy de Venus au lieu de la Lune, beaucoup plus fautive, & qui seule avoit conduit ses predecesseurs dans leurs Observations. Il ajoûta ensuite deux cens Estoilles au Catalogue des Anciens. Je ne dois pas oublier qu'il a inventé un grand nombre d'instrumens tres-utiles pour observer, & que le degré qui ne se divisoit qu'en six ou en douze, fut divisé par luy en soixante parties qu'il appella Minutes, lesquelles il divisa ensuite en plusieurs autres parties; on se sert encore des mesmes divisions. Kepler profita de son travail pour dresser les Tables astronomiques que l'Empereur Rodolphe ordonna de faire, & qui sont connuës par tout sous le nom de Tables Rudolphines. Il est le premier qui a pensé que les Comettes pouvoient estre des Astres errans, & non point des amas d'exhalaisons comme l'ont crû tous les anciens Astronomes. Il a encheri sur Tichobrahé à découvrir les erreurs, où les refractions plus ou moins grandes selon la qualité de l'air, jettent ceux qui observent, de mesme qu'à donner les moyens de s'en garentir ou de les rectifier ; secret tres-important, & sans lequel on ne peut rien faire de juste dans toutes les mesures qu'on prend, soit dans le Ciel, soit sur la Terre. Il a enfin trouvé une hypothese tres-plausible, dont on peut se servir quand on ne s'accommode pas de celle de Ptolomée, ou qu'on n'est pas assez hardi pour se servir de celle de Copernic.

LE PRESIDENT.

Cependant cette hypothese est la mesme que celle d'Apollonius Pergæus, qui est un veritable ancien.

L'ABBE'.

Quelques Astronomes l'ont dit ainsi, mais ils ne l'ont pas bien prouvé ; & cela montre seulement que les Anciens ont entreveu plusieurs veritez qui n'ont esté bien démeslées que dans la suite des temps, & particulierement dans le siecle où nous sommes; où, par le moyen des nombres Logarithmiques, que les Anciens n'ont jamais connus, on fait plus de calculs en une heure qu'on n'en faisoit auparavant en plusieurs jours.

LE CHEVALIER.

En quel temps croit-on que les Lunettes d'approche ont esté trouvées?

L'ABBE'.

En l'année 1609. on apporta de Hollande en Italie des verres qui grossissoient fort les objets, & on tient que c'est Galilée qui le premier en fit des Lunettes d'approche.

LE CHEVALIER.

Et les Lunettes qu'on met sur le nez, de quel âge les croyez-vous; car je ne doute point qu'elles n'ayent precedé les Lunettes à longue-vûë?

L'ABBE'.

Elles sont de l'année mil deux cens, ou environ.

LE CHEVALIER.

Ne sçait-on point le nom de celuy qui en est l'Inventeur?

L'ABBE'.

Comme il est presque impossible qu'une machine aussi admirable que celle là ait esté inventée tout d'un coup, & qu'il s'est passé beaucoup de temps avant qu'elle ait esté portée à quelque sorte de perfection, plusieurs personnes y ont travaillé ou ensemble ou successivement; ce qui fait qu'on ne peut sçavoir à qui l'invention en est particulierement deuë.

LE PRESIDENT.

J'avouë que l'Antiquité a manqué de ce secours, dont je regarde les Inventeurs à peu prés comme ceux qui font des miracles, puisqu'il est vray qu'ils ont rendu en quelque sorte la veuë aux aveugles.

L'ABBE'.

N'estoit-ce pas une chose cruelle, que tant de grands personnages parmi les Anciens devinssent dés l'âge de quarante ou cinquante ans incapables d'une infinité de fonctions utiles, & au public & à leurs familles par l'impuissance où ils estoient de rien lire, & de les voir privez de la consolation que donne la lecture au defaut de la conversation ?

LE CHEVALIER.

Je voulois persuader il y a quelque temps à un celebre Mathematicien, qu'il n'estoit pas impossible de trouver le mesme secours pour les oreilles ; & que comme on a trouvé les Lunettes en estudiant la conformation de l'œil, & en donnant au verre la figure necessaire pour reparer le défaut arrivé par l'âge à la figure de l'organe, on pourroit faire la mesme chose pour l'oreille en observant bien la conformation & le changement qui luy arrive, quand l'organe de l'oüie perd quelque chose de sa sensibilité & de sa délicatesse.

L'ABBE'.

Ce que vous luy disiez là me semble bien pensé ; les cornets dont se servent ceux qui sont un peu sourds & dont leur oreille est si heureusement soulagée, ont esté pris sur les oreilles de la pluspart des animaux, lesquelles ont la mesme figure, & que ces animaux tournent du costé que vient le bruit, pour le mieux entendre. Si on s'estudioit à donner à ces cornets la forme du dedans de l'oreille, qu'on y observast les tours & retours qui y sont, & qu'on choisist des matieres qui eussent du rapport à celles des differentes parties de l'organe, peut-eſtre trouveroit-on quelque choſe. Je ne voudrois pas aſſeurer que cette machine ne reüſſiſt quelque jour lorſque ſon heure ſera venuë.

LE PRESIDENT.

Ce que vous dites-là me fait ſouvenir de ces vaſes d'airain que les Anciens mettoient dans leurs amphiteatres, comme le dit Vitruve, pour fortifier la voix des Comediens, & la faire entendre aux ſpectateurs les plus éloignez. S'il eſt vray que ces vaſes d'airain fiſſent l'effet qu'on leur attribuë, je ne trouve pas pourquoy la machine dont vous parlez, ſuppoſé qu'on y apportaſt toute l'induſtrie qu'elle demande, ne fuſt d'une utilité conſiderable.

L'ABBE'.

Il n'eſt pas que vous n'ayez vû de ces Trompes de nouvelle invention avec leſquelles on ſe fait entendre d'extremement loin; cela a quelque rapport au ſecret que

Monsieur le Chevalier souhaiteroit que l'on trouvast.

LE CHEVALIER.

Il est vray que ces Trompes portent le son de la voix fort loin : mais ce son n'estant pas bien articulé, on n'entend pas les paroles, de beaucoup plus loin que quand on parle sans le secours de ces Trompes. D'ailleurs cela n'a rien qui soulage ceux qui ont l'oreille un peu dure, & c'est ce que je voudrois qu'on trouvast, de mesme qu'on a trouvé le moyen de secourir par les Lunettes, les yeux de ceux qui ont la vûë ou trop courte ou trop foible. Quoy qu'il en soit, c'est une vision que je ne garentis point, mais il semble que le dehors de l'oreille de l'homme est fait exprés pour porter cette machine comme le nez pour porter des Lunettes. Revenons, s'il vous plaist, aux Lunettes d'approche.

L'ABBE'.

On peut dire que les Lunettes

d'approche ont changé toute la face de l'Astronomie, comme les canons ont changé la face de la Guerre. Il n'est pas croyable combien on a fait de nouvelles découvertes avec ces machines admirables. On a remarqué des taches dans le Soleil, & par ces taches on a connu que cet Astre avoit un mouvement propre, par lequel il faisoit un tour entier sur son axe en vingt-sept jours & demy ou environ. On a vû des montagnes & des concavitez dans le Globe de la Lune, dont on a fait des Cartes aussi precises que celles du Globe de la Terre. On a remarqué de grandes inégalitez dans la Planete de Jupiter; & c'est par les Eclipses des Lunes de cette Planete, à qui on a donné le nom de Satellites, qu'on a trouvé une tres-grande facilité pour observer exactement les longitudes, ce qui ne se peut faire si juste ni si facilement par les Eclipses de la Lune. On a encore observé que Saturne est entouré d'un anneau plat sans y estre attaché par aucun endroit; singularité unique en son espece, n'y ayant rien de semblable qui nous soit connu dans le ciel. On a connu aussi que Saturne avoit cinq petites Lunes ou Satellites autour de luy qui faisoient chacune leur revolution en des temps differens, comme la Lune fait la sienne autour de la Terre; que Jupiter fait une revolution autour de son axe en l'espace de dix heures ou environ, que Mars fait la sienne en vingt-quatre heures deux tiers; d'où l'on conjecture que les autres Planetes font le mesme mouvement sur un axe particulier. Par le moyen des Eclipses des Satellites de Jupiter, on a trouvé le moyen de resoudre un des plus fameux problêmes de Physique, qui est de sçavoir si la lumiere employe du temps à parcourir un espace, comme fait le son ou le bruit, & quel peut estre ce temps;

des Anciens & des Modernes. 43

car on a conclu par l'observation de ces Eclipses, que la lumiere ne demande aucun temps pour venir du Soleil jusqu'à nous, ou du moins que l'espace qui est entre la Terre & la Lune, quoy que de cent mille lieuës ou environ, n'est pas assez grand pour pouvoir le remarquer. On a aussi connu par ces observations que le bruit parcourt dans l'air en une seconde de temps l'espace de cent quatre-vingt toises, & que le vent ne peut augmenter ny retarder ce temps, quoy qu'il rende le bruit plus fort ou plus foible, selon qu'il est favorable ou contraire : on a connu enfin que ce qu'on nomme la Voye lactée & Etoilles nebuleuses, est un amas de petites Etoilles tres-proches les unes des autres, dont on a donné plusieurs figures qui marquent leur differente grandeur & leur disposition. On a observé Mercure & Venus sur le disque apparent du Soleil, & ces observations ont servi à corriger les Tables du mouvement de ces Planetes. On est parvenu aussi à observer les autres Planetes, & mesme plusieurs Etoilles fixes en plein midi ; ce qui a servi infiniment à perfectionner l'Astronomie.

LE CHEVALIER.

Il me semble qu'il y a long-temps que nous parlons des grandes Lunettes, parlons un peu des Microscopes.

L'ABBE'.

Si les Lunettes d'approche nous ont donné beaucoup de connoissance des plus grands corps de la Nature, en nous faisant découvrir mille choses où nos yeux ne pouvoient atteindre à cause de leur trop grand éloignement, les Microscopes ne nous ont pas esté moins utiles pour découvrir mille choses que leur trop grande petitesse déroboit à nos yeux.

LE CHEVALIER.

Je croy que cela est à peu prés égal.

L'ABBE'.

Comme on n'a pas eu moins d'industrie pour faire d'excellens Microscopes, que pour faire des Telescopes admirables, on est descendu aussi bas par les uns, dans la connoissance des petits corps, qu'on a monté haut par les autres, dans la connoissance des grands corps celestes, dont l'immense estenduë n'est pas plus merveilleuse que l'immense petitesse, si cela se peut dire, des moindres corpuscules.

LE PRESIDENT.

Vous ne devez point demander graces pour le mot d'immense appliqué aux plus petits corps. Ce mot signifie ce qui ne se peut mesurer, & l'extrême petitesse d'un corps, n'est pas un moindre obstacle à en prendre juste la mesure, que son extrême grandeur.

L'ABBE'.

Quoy qu'il en soit, on est parvenu avec le secours de ces instrumens à connoistre bien des choses qu'on ignoroit ; & on ne peut pas dire que ce surcroît de connoissances ne soit tres-considerable, & par les choses nouvelles qu'elles nous ont apprises, & par le grand nombre d'erreurs dont elles ont délivré la pluspart des Sciences.

LE CHEVALIER.

Aprés avoir parlé si long-temps de l'Astronomie, ne dirons-nous rien de l'Astrologie judiciaire que la pluspart du monde estime bien davantage ?

L'ABBE'.

Comme l'Astrologie judiciaire n'est ny un Art ny une Science, je ne croy pas en devoir parler. Je ne puis vous dire autre chose sinon que c'est l'opprobre de tous les siecles.

LE CHEVALIER.

Pourquoy l'opprobre de tous les siecles?

L'ABBE'.

C'est qu'il n'y a point eu de temps où les hommes n'ayent eu la folie de s'y occuper, & d'ajoûter foy à ses predictions.

LE CHEVALIER.

Ce n'est pas là une raison d'en estimer moins l'Astrologie.

L'ABBE'.

J'en demeure d'accord, mais c'en est une d'en estimer moins & les Anciens & les Modernes, qui sont également ridicules sur cet article.

LE CHEVALIER.

Cependant ç'a esté chez les Peuples les plus spirituels que l'Astrologie a toûjours esté la plus estimée; parmi les Grecs, c'estoient les Egyptiens qui s'en mesloient; parmi les Romains, c'estoient les Grecs; & ce sont ordinairement les Italiens qui s'en meslent parmi nous : Plus les hommes sont de qualité en Italie, & par consequent d'un esprit plus fin que le vulgaire, plus ils ont d'ardeur pour les Prédictions; & chez un grand Seigneur, l'Astrologue est d'ordinaire le plus distingué & le plus favorisé de tous les domestiques.

L'ABBE'.

Comme parmi les Italiens il se trouve des hommes qui ont de grandes vertus & de grands talens, il est de la symmetrie qu'il s'y en trouve qui ayent de grands défauts & de grandes foiblesses.

LE PRESIDENT.

LE PRESIDENT.

Que répondez-vous à tant de Prédictions fameuses, dont les Histoires sont remplies?

L'ABBE'.

Je répons que rien ne prouve tant la fausseté de l'Astrologie, que de voir les Astrologues dire quelquefois la verité.

LE PRESIDENT.

Je ne comprens pas vostre raisonnement.

L'ABBE'.

Il est pourtant tres-clair, comme vous l'allez voir. Si les Astrologues avoient l'industrie ou le bonheur de dire toûjours faux, il n'y auroit qu'à prendre le contrepied de ce qu'ils disent, & par ce moyen on sçauroit aussi certainement ce qui devroit arriver, que s'ils l'avoient dit positivement ; mais par malheur ou pluſtoſt par ignorance, ils diſent vray quelquefois.

LE CHEVALIER.

Je comprens la choſe. Il en ſeroit des Prédictions des Aſtrologues comme du jeu des Contreveritez, où les injures les plus atroces ne ſont pas moins obligeantes, que les loüanges les plus flateuſes.

L'ABBE'.

Pour me faire mieux entendre, ſuppoſons qu'un Aſtrologue vous a prédit que vous perdrez voſtre procés, ou que vous tomberez malade cet Automne ; ſuppoſons en meſme-temps que les Aſtrologues diſent toûjours faux, ne ſeriez-vous pas auſſi aſſuré que vous gagnerez voſtre procés, ou que vous ne ſerez point malade pendant l'Automne, que s'il vous l'avoit dit en termes exprés & formels ? mais parce qu'il arrive quelquefois que les Aſtrologues disent la verité, & que fort souvent ils ne la disent pas, on ne sçait à quoy s'en tenir, & on ne peut raisonnablement ajouster aucune foy à leurs paroles.

LE PRESIDENT.

Suivant cette maniere de raisonner, je diray qu'il ne faut avoir aucune creance à ce que disent les Medecins quand ils parlent des maladies, parce qu'il leur arrive quelquefois d'en parler pertinemment, & de deviner l'issuë qu'elles auront.

L'ABBE'.

Il est vray que la Medecine est un art conjectural, comme le prétendu art de l'Astrologie, mais avec cette difference que la Medecine a des fondemens tres certains de ses conjectures, establis sur la connoissance de la structure du corps humain, & sur les differens symptomes des maladies qui marquent leur espece, & les degrez de leur malignité, au lieu que l'Astrologie ne s'appuye que sur des figures que les Astrologues tracent à leur fantaisie, ou sur la contemplation des Astres dans lesquels il est impossible de lire l'avenir, particulierement à l'égard d'un seul homme qui n'a nulle proportion & nulle liaison avec ces grands corps infiniment éloignez de nous.

LE CHEVALIER.

Je suis entierement de cet avis; car enfin peut-on comprendre que quand cinq ou six grands vaisseaux viennent à perir tous ensemble par un naufrage, ou sont coulez à fonds dans un combat, tous les hommes de ces vaisseaux, au nombre peut-estre de deux ou trois mille, soient nez sous une Etoille qui a eu le pouvoir de les déterminer à estre tous noyez le mesme jour ? Peut-on concevoir que les cent quatre-vingt cinq mille combattans de l'armée de Sennacherib tuez en une mesme nuit par l'Ange exterminateur, fussent tous nez sous des constellations qui font mourir de mort violente ceux qui viennent au monde quand elles se levent sur l'horison ? Et comme les Astres ne reglent pas moins la destinée des moindres animaux & des moindres plantes, à ce que disent les Astrologues, que celle des hommes les plus illustres, comment s'imaginer que tous les Cochons du monde naissent sous des Etoilles qui tost ou tard leur mettent le couteau dans la gorge?

L'ABBE'.

Vous pourriez ajoûter qu'il naît en mesme-temps sous ces mesmes Etoilles égorgeantes une infinité d'hommes qui meurent tranquillement dans leur lit.

LE CHEVALIER.

Il faut que je vous conte ce qui m'est arrivé touchant la science dont nous parlons. Un Astrologue des plus celebres de Paris vouloit à toute force que je luy donnasse l'heure de ma naissance pour faire mon horoscope. Il faut, luy dis-je, avant que vous vous donniez cette peine, que j'éprouve vostre sçavoir sur quelque chose de plus aisé. Faites-moy un petit Almanach du mois de Janvier où nous allons entrer, qui marque jour pour jour le temps qu'il fera durant tout ce mois-là. Une chose aussi importante & aussi publique que le changement du temps, doit estre plus facile à lire dans les Astres, que la bonne avanture d'un particulier comme moy. Si vostre Almanach prédit bien le temps qu'il fera, je vous donneray l'heure de ma naissance. Il me donna l'Almanach que je luy avois demandé, & auſſi-toſt j'en fis un à ma maniere ; j'écrivis à la marge d'une feüille de papier : Premier jour de Janvier, au deſſous ſecond jour, & ainſi des autres juſqu'au dernier du mois ; aprés quoy j'écrivis vis-à-vis de chaque jour ce qui me vint en la fantaiſie ; par exemple vent froid, enſuite, froid humide, puis, grande gelée, continuation de la meſme gelée, nege, dégel, petite pluye & autres temps ſemblables, m'abſtenant ſeulement de mettre ny chaleurs ny tonnerres. Le hazard voulut que durant les trois ou quatre premiers jours, mes Prédictions ſe trouverent tres-juſtes, pendant que celles de mon Aſtrologue ne diſoient rien qui vaille. Je contay cela dans une Compagnie, où une Dame de qualité & fort vive, voulut abſolument que je luy donnaſſe mon Almanach ; elle eut un extrême plaiſir de voir comment j'avois bien rencontré ; mais ſa joye fut inconcevable, lorsque le lendemain & trois ou quatre jours encore tout de suite le temps se trouva conforme à mes Prédictions ; cela fit du bruit, & on venoit à moy de tous costez pour la bonne avanture ; je vous avoüeray ma foiblesse, j'en conceus une secrette vanité, & ne pus m'empêcher de croire en valoir un peu davantage. Au bout de ces cinq ou six jours mon Almanach ne prédit plus rien qui vaille, & on le laissa là. Mon Astrologue m'estant venu revoir, je luy contay cette avanture. Comment avez-vous fait, me dit-il ? J'ay écrit, luy dis-je, les trente-un jours du mois de Janvier sur la marge d'une feuille de papier, & vis-à-vis chaque jour, j'ay mis le temps qui m'est venu le premier dans l'esprit. Vous n'aviez, reprit-il, aucun dessein de mettre un temps plustost qu'un autre ? Non, luy répondis-je. Vous écriviez fidellement, ajousta-t-il, ce qui se presentoit d'abord à vostre imagination? Oüy, luy dis-je. Voilà, me dit-il, la meilleure maniere que nous ayons de deviner. Comment, m'écriay je, la meilleure maniere de deviner? Assurément, dit-il, comme vostre volonté n'avoit aucune part à ce que vous écriviez, c'estoit vostre Genie qui vous conduisoit, & qui vous a dicté les Prédictions qui ont rencontré si heureusement. Quoy, luy dis-je, voilà en quoy consiste cette Science admirable que vous vantez si fort! Il y a une autre voye de deviner, me répondit-il, qui est de consulter les Astres; mais cette voye est si malaisée à tenir, qu'il est presque impossible de ne pas s'égarer. Pendant que toute la face du Ciel conspire à un évenement favorable, il ne faut qu'une méchante petite Etoille, qu'on ne voit presque point, pour renverser toute la bonne fortune d'un homme. Et comme la connoissance exacte du lever & du pouvoir de chaque Etoille, parmi le nombre infini qu'il y en a, est tres-difficile à avoir, & dépend d'une infinité de calculs tres-penibles, & où la moindre erreur est capitale ; le plus seur & le meilleur, somme tout, est de prendre le chemin que vous avez tenu.

L'ABBE'.

Tout ridicule qu'estoit vostre Astrologue, je n'en ay point connu de plus raisonnable ; c'est un prétendu Art qui n'a aucun principe, & qui n'est fondé que sur le desir ardent de connoistre l'avenir, de mesme que l'art de faire l'or n'est fondé que sur le desir d'estre riche ; & celuy de trouver des remedes qui fassent toûjours vivre, sur l'amour de la vie, & sur la crainte de la mort. De ces trois Arts, qui ont cela de commun qu'ils entreprennent l'impossible, l'Astrologie est asseurément le plus frivole. Si les chercheurs de la pierre philosophale, ne la trouvent pas, ils trouvent mille secrets utiles & agreables en la cherchant. Si ceux qui promettent de faire vivre toûjours, n'en viennent pas à bout, ils trouvent quelquefois, en travaillant, des remedes qui font vivre long-temps; mais l'Astrologie ne peut estre bonne qu'à donner de la crainte ou de l'esperance mal à propos.

LE PRESIDENT.

Le mépris que vous témoignez pour l'Astrologie s'étend-il jusqu'à la Chyromancie ? Et trouvez-vous qu'il est aussi impertinent de vouloir deviner ce qui arrivera à un homme, en regardant sa main, qu'il est ridicule d'en vouloir venir à bout en faisant son horoscope.

L'ABBE'.

Je n'y voy pas beaucoup de difference. L'infpection de la main, de mefme que celle du vifage, de la démarche, du gefte, du maintien, qui compofent enfemble ce qu'on appelle Phyfionomie, peuvent donner à connoiftre quelque chofe du naturel & de l'humeur ; mais ils ne peuvent donner aucune lumiere de l'avenir. Car il y a grande difference entre juger par l'infpection des mains ou du vifage, qu'une perfonne eft robufte ou délicate, qu'elle eft d'une bonne ou mauvaife conftitution, qu'elle eft douce ou colere, qu'elle eft gaye ou mélancholique, ou juger par exemple qu'elle tombera dans une riviere à un tel âge, qu'elle fera bleffée à l'œil gauche, qu'elle eft menacée de mort à 22. ans; mais que fi elle paffe cette année, elle en vivra plus de quatre-vingts. Ces dernieres Prédictions font temeraires & ridicules; les premieres, qui font des jugemens fondez fur la Phyfionomie, peuvent avoir quelque chofe de folide & d'affuré.

LE CHÉVALIER.

On dit cependant tous les jours, qu'il n'y a rien de plus trompeur que la physionomie.

L'ABBE'.

Elle l'eſt beaucoup quelquefois, cependant il eſt tres-utile de ſe connoiſtre en phyſionomie. Comme les hommes ſont obligez de vivre enſemble, & qu'ils ont un grand intereſt de ſe connoiſtre les uns les autres, la Nature prend ſoin de mettre ſur leur viſage des marques preſque certaines, de ce qu'ils ſont dans le fonds du cœur, afin qu'on puiſſe ſe conduire avec eux d'une maniere convenable dés la premiere fois qu'ils ſe preſentent; cela eſt ſi vray, que quand un homme vient à perdre l'eſprit, la Nature ne manque point d'en marquer l'égarement ſur ſon viſage & dans ſes yeux, afin qu'on s'en donne de garde. Elle ne forme point aussi d'hommes d'une humeur fort extraordinaire, soit en bien, soit en mal, qu'elle n'en laisse quelques traces dans leur physionomie.

LE CHEVALIER.

Monsieur le Brun a fait un certain nombre de visages en pastel, où les caracteres des humeurs & des passions sont si bien marquez, qu'on croit voir jusqu'aux pensées & aux mouvemens du cœur de ceux qu'ils representent.

L'ABBE'.

On peut dire qu'il y a deux sortes de physionomies; l'une qui resulte de la premiere conformation du corps, & celle-là marque le temperamment; & l'autre, qui vient de l'habitude que prend le corps à faire de certains mouvemens, & celle-là marque plus particulierement les bonnes ou les mauvaises habitudes de l'ame. Pour m'expliquer, je dis que dans le visage, par exemple il y a deux choses, les traits & les mouvemens. Les traits ne changent presque point, de mesme que le temperamment, quoy qu'ils grandissent avec l'âge ; mais les mouvemens changent beaucoup, de mesme que les habitudes de l'ame bonnes ou mauvaises. De là vient qu'on connoist en quelque façon jusqu'aux differentes professions des hommes par les differens airs de visage que donne la difference des emplois où ils s'occupent. La raison est que les esprits & le sang vont avec plus d'abondance aux endroits où il y a le plus de mouvement, & y portent plus de nourriture ; ce qui rend ces parties-là plus grosses & plus marquées. Ainsi tel a le front sourcilleux & ridé, à cause du travail & des soins que luy donnent les affaires dont il est chargé, qui l'auroit serein & uni s'il avoit mené une vie douce & tranquille.

LE CHEVALIER.

Je croy en effet que le mesme homme à qui on voit tant de rides sur le front, parce qu'il est ou Ministre ou Magistrat, n'en auroit peut-estre pas une seule, si son Etoille en avoit fait un joüeur de lut ou un Maistre à danser.

L'ABBE'.

J'ay connu un jeune homme, à qui une profonde paresse de huit ou dix années, imprima sur le visage un certain air de langueur qui assoupissoit jusqu'à ceux qui le regardoient ; ses lévres estoient pendantes, & sa bouche presque toûjours ouverte ; il vint à se mettre fortement au travail, & à prendre, comme on dit le frein aux dents, sa physionomie changea tout à coup. Sa bouche reprit l'assiette qu'elle devoit avoir ; ses lévres furent plustost trop serrées que trop pendantes, & il se donna tout l'air d'un homme laborieux & appliqué. Quelques-uns ont cru que par l'exacte observation des mouvemens du visage, on pouvoit deviner jusques aux pensées ; & l'on dit qu'un certain Ambassadeur en venoit à bout en contrefaisant les mines de ceux dont il vouloit sçavoir les sentimens. Il disoit que lorsqu'il prenoit la mine grave & severe de quelque Ministre, il luy prenoit envie de nier tout ; & que quand il se donnoit l'air doux & gracieux de quelque autre, il se sentoit disposé à demeurer d'accord de tout ce qu'on auroit voulu. Il apportoit pour raison que comme certaines pensées amenent avec elles certains mouvemens de visage, ces mouvemens de visage ramenoient aussi avec eux les mesmes pensées par la liaison naturelle qu'ils ont ensemble. Mais je trouve que nous nous écartons beaucoup.

LE CHEVALIER.

Il est vray que si nous voulons venir à bout de nostre tâche, il ne faut pas que nous prenions tant d'essor. Aprés avoir expedié l'Astronomie, comme vous avez fait, vous devez parler presentement de la Geographie, & descendre du Ciel en Terre.

L'ABBE'.

Il ne faut qu'un compas pour voir au juste de combien nostre Geographie surpasse celle des Anciens. Ils connoissoient à la verité presque toute l'Europe, l'Asie mineure, une partie de la grande Asie, & les rivages de l'Affrique qui regardent la Mediterranée. Tout cela ne fait pas la dixiéme partie de ce que nous connoissons aujourd'huy.

LE PRESIDENT.

Je doute que vous ayez bien

pris vos mesures quand vous avancez cette proposition.

LE CHEVALIER.

Ne disputons point là-dessus, un peu plus ou un peu moins de Païs connu ne fait rien à nostre dispute ; car il y a constamment une grande différence des Modernes aux Anciens sur cet article.

L'ABBE'.

Ce n'est pas seulement dans la plus vaste étenduë des Païs que nous connoissons que consiste nôtre avantage, c'est dans la maniere dont nous les connoissons, qui est aussi précise & aussi claire, que celle des Anciens estoit obscure & indéterminée.

LE CHEVALIER.

J'ay oüy dire que plusieurs anciens Philosophes ont cru que la Terre estoit toute platte.

L'ABBE'.

Cela est vray.

LE CHEVALIER.

Pourquoy donc n'en trouvoient-ils pas le bout?

L'ABBE'.

C'est disoient-ils, qu'elle est entourée par l'Ocean de tous costez.

LE CHEVALIER.

Et où croyoient-ils que l'Ocean se terminoit?

L'ABBE'.

Ils ne s'en mettoient pas en peine, non plus que de sçavoir comment le Soleil, qui se plongeoit tous les soirs dans l'Ocean vers les Isles fortunées, alloit pendant la nuit regagner l'Orient pour s'y lever tous les matins.

LE CHEVALIER.

C'estoit bien fait à eux de ne se pas inquieter de semblables choses, & de dormir tranquilement pendant qu'ils croyoient que le Soleil en faisoit autant de son costé.

LE PRESIDENT.

Vous confondez les imaginations des Poëtes avec les opinions des Philosophes. Les Poëtes disoient à la verité que le Soleil alloit se coucher chez Thetis, où il passoit la nuit ; mais les Philosophes ont parlé d'une autre maniere.

L'ABBE'.

Si nous avions icy un Plutarque, il n'y auroit qu'à lire les opinions des anciens Philosophes sur le sujet dont nous parlons, pour estre convaincus qu'ils n'extravaguoient pas moins que les Poëtes. Florus, Historien digne de foy, dit qu'un Consul Romain estant en Espagne, asſuroit avoir oüy diſtinctement pendant une ſoirée fort tranquile, le bruit qu'avoit fait le Char du Soleil en entrant dans la Mer, & que ce bruit eſtoit ſemblable à celuy que fait un fer rouge quand on le plonge dans de l'eau. Les Siamois croyent encore aujourd'huy que la Terre eſt toute platte, & diſent qu'il y a une grande montagne au milieu de la Terre, derriere laquelle le Soleil va ſe coucher, & qu'il tourne autour de cette montagne pendant la nuit, pour venir gagner au matin l'endroit où il ſe leve.

LE PRESIDENT.

Je ne m'en étonne pas beaucoup, puiſque ſaint Auguſtin, ne croyoit pas qu'il y euſt des Antipodes.

L'ABBE'.

Saint Auguſtin n'a jamais douté que la Terre ne fuſt ronde, & par conſequent, qu'il n'y euſt ou des Mers ou des Terres directement opposées à celles sur lesquelles nous marchons ; mais il ne croyoit pas que ces Terres-là fussent habitées par des hommes, ny peuplées d'animaux à cause des grands espaces de Mer qui les separent du lieu où Adam a esté créé. Ainsi quand saint Augustin n'a pas cru qu'il y eust des Antipodes, il entendoit parler des hommes & non pas des terres.

LE CHEVALIER.

Il falloit que ces anciens Philosophes fussent bien stupides, pour croire que la Terre fust toute platte ; car sans avoir recours aux preuves que les Mathematiques fournissent en abondance pour démonstrer la rondeur de la Terre, ne leur suffisoit-il pas, pour en estre convaincus, de voir voguer des vaisseaux sur la Mer, de voir qu'ils semblent s'y enfoncer à mesure qu'ils s'éloignent, qu'ils décroissent toûjours jusqu'à ce qu'on ne voye plus ny le mast ny les banderolles, & qu'au contraire ils semblent sortir de la Mer à mesure qu'ils s'approchent de nous ; car si la Terre estoit platte, & la Mer par consequent, les vaisseaux pourroient bien en s'éloignant sembler s'appetisser jusqu'à ne pouvoir plus estre distinguez, mais non pas paroistre s'y enfoncer comme ils font. Ce que je trouve de plus admirable en cela, c'est qu'on veüille nous persuader que les hommes de ces temps-là, spirituels comme vous voyez, estoient tout autrement habiles qu'on ne l'est aujourd'huy en Eloquence & en Poësie.

L'ABBE'.

Tout beau Monsieur le Chevalier, laissons-là l'Eloquence & la Poësie de peur d'émouvoir noise. Enfin cette erreur grossiere se dissipa, & tout le monde convint que la Terre formoit un Globe parfaitement

des Anciens & des Modernes. 73
tement rond : mais on ne sçavoit point encore ny prés ny loin, combien elle avoit de circonference. Les Geographes du temps d'Aristote, qui estoient parvenus à diviser les grands cercles de la Terre en 360. degrez, à l'imitation des Astronomes qui en avoient fait autant des grands cercles du Ciel, estimerent que chacun de ces degrez estoit de onze cens onze stades, ce qui faisoit cinquante-deux lieuës & demie, sur le pied de 2200. toises la lieuë ; suivant cette mesure la Terre auroit eu de tour dix-huit mille sept cens vingt lieuës. Six-vingts ans aprés ou environ, Eratosthene ne donna que sept cens stades au degré, qui font trente-trois lieuës; la Terre, selon cette supposition, n'avoit plus que onze mille huit cens quatre-vingts lieuës de circonference. Possidonius autre Geographe, qui vivoit du temps de Marc-Aurele, la reduisit à onze mille cent soixante

lieuës ; & enfin Ptolomée voulut qu'elle n'eust plus que sept mille deux cens quatre-vingts-dix lieuës.

LE CHEVALIER.

Demeurons-en là, je vous prie. Si ces anciens Geographes continuent à mesurer la Terre, elle deviendra à rien. Du temps d'Aristote, elle avoit dix-huit mille lieuës, & davantage ; & du temps de Ptolomée, elle n'en a plus gueres que sept mille.

LE PRESIDENT.

Comme les mesures des Anciens ne nous sont pas fort connuës ; on ne peut rien dire d'assuré là-dessus.

L'ABBE'.

Comme ces Anciens se sont servi des mêmes mesures, il est toûjours vray qu'ils se sont éloignez les uns des autres de plus de la moitié. Fernel & Snellius sont les premiers qui dans ces derniers temps ont travaillé en gens habiles. Fernel ayant conté les tours de rouë du Coche où il estoit, trouva que le degré étoit de vingt-six lieuës sept cens quarante-six toises, lesquelles multipliées par trois cens soixante donnent à la Terre neuf mille, trois cens quatre-vingts-dix lieuës & demie de circonference Snellius qui y proceda d'une maniere beaucoup plus sûre, & à peu prés semblable à celle qu'à tenüe l'Academie Royale des Sciences, c'est à dire, par des régles de Geometrie a trouvé que le degré n'étoit que de 25. lieües & demie trente & une toise, ce qui multiplié par 360. donne de tour à la Terre neuf mille, cent quatre-vingt une lieüe, moins quelques toises. L'Academie a determiné le degré à 25. lieües sur le pied de 2282. toises la lieüe, ce qui donne neuf mille lieües de tour à la Terre.

LE CHEVALIER.

Sçavez vous Monsieur l'Abbé comment l'Academie s'y est prise pour en venir à bout; car j'ay de la peine à comprendre que cela soit possible.

L'ABBE'.

Il n'y a que la precision qui soit mal-aisée ; car pour parvenir à sçavoir en gros, ce que la Terre a de tour, il n'y a rien de plus facile.

LE CHEVALIER.

Vous m'étonnez.

L'ABBE'.

Vous sçavez que tout cercle se divise en 360. degrez, & qu'on n'en donne pas davantage au ciel même tout immense qu'il est.

LE CHEVALIER.

Je l'ay oüy dire ainsi.

L'ABBE'.

Vous avez aussi oüy dire que la circonference de la Terre se divise pareillement en 360. degrez, & que chaque degré de la Terre répond à chaque degré du Ciel.

LE CHEVALIER.

Je l'ay oüy dire, & le comprens fort bien.

L'ABBE'.

Cela étant, il n'a été question que de sçavoir combien un degré du Ciel fait de lieües sur un degré de la Terre.

LE CHEVALIER.

Je le veux bien; mais comment sçavoir combien un degré a de lieües.

L'ABBE'.

On n'a qu'à prendre la hauteur du Pole en un endroit, &

ensuite marcher droit vers le Pole, jusqu'à ce qu'on ait le Pole élevé d'un degré plus que l'on ne l'avoit au lieu d'où on est parti, & alors on est seur qu'on a fait un degré sur la Terre, & par consequent la trois cens soixantiéme partie de sa circonference ; que si on a eu soin de conter les lieües que l'on a faites dans l'étendüe de ce degré, on n'a qu'à les multiplier par 360. & on a la mesure de la circonference de la Terre.

LE CHEVALIER.

J'y suis, & comprens nettement qu'il n'y a en cela, comme vous l'avez dit que la precision qui soit difficile. Je voudrois bien sçavoir les moyens qu'on a tenus pour en venir à une precision raisonnable ; car pour l'exacte precision, il seroit ridicule de la demander.

L'ABBÉ.

On a commencé par se faire une base bien seure & bien mesurée, c'est à dire, par mesurer bien juste une longueur de terre qui pût servir à mesurer le reste; le chemin du Long boyau qui en arrivant à Paris, va droit du Midi au Nort, s'est trouvé trés propre pour cette operation, on la mesuré exactement avec de grands bâtons de deux toises chacun qu'on mettoit bout à bout l'un de l'autre, & il s'est trouvé avoir de longueur depuis le milieu du Moulin de Ville Juisve, jusqu'à l'encognure du Pavillon de Juvisi 5663. toises; sur cette base on a tiré des triangles, de distance en distance dans toute l'étendüe du degré qu'on a parcouru depuis Paris jusqu'à Amiens, & on les a tirez avec des instrumens d'une justesse admirable, & maniez par les plus habiles gens de l'Europe. On peut voir le détail de ce travail, dans un Traité qu'en ont donné au public ceux mêmes de l'Academie qui y ont été employez ; ce Traité est intitulé Mesure de la Terre. Il ne s'est jamais rien fait de si beau, ny de si juste sur cette matiere, & ceux qui voudront comparer ces manieres d'operer avec celle de Strabon & de Ptolomée, seront étonnez de l'extrême difference qu'il y a des unes aux autres.

LE PRESIDENT.

Je conviens que ces sortes d'operations se font aujourd'huy avec plus de precision que l'on ne les a jamais faites à cause de la justesse des instrumens qu'on y employe.

L'ABBE'.

Je conviens de même, que si les Anciens avoient eu les avantages que nous avons, ils auroient fait toutes choses aussi bien & peut-être mieux que nous. Ainsi quand je prefere les uns aux autres, ce n'est point par rapport aux personnes ; mais aux ouvrages qui doivent être mieux faits, plus achevez & plus accomplis ayant l'avantage d'être faits les derniers, & avec des secours que l'Antiquité n'avoit point.

LE CHEVALIER.

Continuons Mr. l'Abbé.

L'ABBE'.

Si dans la mesure generale de toute la Terre, les Anciens sont tellement inferieurs aux Modernes, ils le sont encore beaucoup plus dans les mesures particulieres de ses parties & de ses regions. Ptolomée a mis toutes les Isles fortunées sous le même Meridien, quoique leur longitude soit differente de plusieurs degrez, & il leur donne dix ou douze degrez de latitude moins qu'elles n'en ont. Il a encore determiné plus mal, les parties Septentrionnales des Ifles Britanniques. Dans la defcription qu'il fait de l'Afie, il donne à la Ville capitale de la Chine, trois degrez de latitude Auftrale, & cependant les côtes les plus Meridionales du païs, ou cette Ville eft fcituée ont 23. degrez de latitude Septentrionnale. Il eft impoffible de reconnoître quelle eft la grande Ifle qu'il nomme Taprobane, par la pofition qu'il lui donne dans la mer des Indes. De fon temps & jufqu'à ce dernier fiecle, la partie Orientale des Indes étoit placée plus qu'il ne faut vers l'Orient de 400. lieües & davantage, je ne finirois point fi je voulois rapporter toutes les erreurs groffieres de l'ancienne Geographie : Mr. de la Hyre excellent Geomettre, qui occupe une place fi honorable dans l'Academie des Sciences & dans l'Obfervatoire, reçut ordre il y a huit ou dix ans de déterminer par des obfervations celestes, la position des Côtes de la France, tant sur l'Ocean, que sur la Mediterranée. Il n'est pas croyable combien il remarqua d'erreurs dans les Cartes qui en avoient esté faites jusqu'àlors; c'est ce qu'on peut voir dans la relation qu'il en donna au Public en ce temps-là.

LE PRESIDENT.

Encore une fois tout cela n'est dû qu'à la justesse des instrumens dont on se sert aujourd'huy.

L'ABBE'.

Il y entre aussi beaucoup de l'industrie de ceux qui s'en servent, & de plus comme ils sont les Inventeurs de ces instrumens, on ne peut pas leur disputer la gloire qui leur en revient.

LE CHEVALIER.

Je croy avoir vû icy quelque part dans les jardins un de ces inſtrumens.

L'ABBE'.

Cela peut être ; mais c'eſt pour niveler des pentes, autre maniere de meſurer la Terre qui ne conſiſte pas à meſurer les diſtances, mais ſeulement à connoître combien un endroit eſt plus haut ou plus bas qu'un autre ; connoiſſance dont on a beſoin pour dreſſer des jardins, pour conduire des eaux, pour faire des étangs & mille autres choſes qui demandent qu'on ſçache préciſément la diſpoſition du terrein. Quand le grand Canal de Verſailles fut reſolu on donna ordre aux Ouvriers qui travailloient ſur les lieux, Maçons & Fontainiers de niveler le terrein où on le vouloit faire. Ils trouvérent tous avec leurs niveaux ordinaires, & à l'ancienne mode que le terrein avoit dix pieds de pente depuis l'extremité du petit Parc, où devoit commencer le Canal jusqu'à l'endroit où il devoit finir. On appella Mrs de l'Academie qui ne trouverent avec leur niveau que deux pieds de pente où on en avoit trouvé dix. Le Canal a été fait sur la foy de ce niveau, & quand l'eau y a été mise, on a vû qu'ils ne s'étoient trompez que d'un pouce, ou d'un pouce & demy sur neuf cens toises & davantage que ce Canal a de longueur : erreur qui ne doit être comptée pour rien, & qui, peut-être, n'a esté remarquée que par eux seuls.

LE CHEVALIER.

D'où peut venir la grande inégalité de ces niveaux.

L'ABBE'.

Elle vient de plusieurs choses,

premierement, que ce qui eſt une corde aſſez groſſe dans l'un, n'eſt qu'un cheveu dans l'autre, que la ligne perpendiculaire qui dans l'un eſt de la groſſeur de la corde, n'eſt dans l'autre que de la groſſeur du cheveu; que le cheveu eſt enfermé dans un canal de haut en bas qui empêche que le vent ne le remüe comme il fait la corde, qui dans l'autre eſt expoſée au vent, ennemi juré des niveaux & des niveleurs.

LE CHEVALIER.

Si ce cheveu eſt enfermé dans un canal, comment voit-on ce qu'il marque.

L'ABBÉ.

Ce canal a une ouverture avec un verre au devant, par laquelle on voit la petite boulle ſuſpendüe au cheveu: mais ce qui contribüe plus que tout à l'exacte preciſion, c'eſt qu'il y a une lunette d'approche ſur le haut du niveau avec laquelle on voit les objets à une distance de cent & deux cens toises, aussi distinctement, & d'une vûe aussi assurée que si l'on n'en étoit éloigné que de quatre pas, avantage qu'on n'a garde d'avoir dans les niveaux ordinaires, ou dés que les distances sont un peu grandes les objets vacillent tellement à la vûë qu'on ne sçauroit dire précisement, où le niveau donne, & les yeux les plus fermes s'y trompent considerablement. On peut ajoûter à cela le pied sur lequel on le pose, lequel se hausse & se baisse selon que le demande l'œil de celuy qui nivelle, ou l'inegalité du terrein où l'on s'en sert.

LE PRESIDENT.

J'avoüe qu'on excelle aujourd'huy dans la construction de plusieurs instruments de Mathematiques : mais cette loüange est bien legere.

L'ABBE'.

Comme toute la justesse des operations dépend de la justesse de ces instrumens, je ne les regarde pas comme chose indifferente aux Mathematiques.

LE CHEVALIER.

A propos d'instrumens, trouvez-vous, Mr. le President, que la Boussole soit un instrument peu utile pour la navigation ?

LE PRESIDENT.

Comme cette machine admirable nous est venüe de la Chine, & qu'il y a peut-être deux ou trois mille ans, qu'elle y est en usage, elle appartient aux Anciens plus qu'aux Modernes.

L'ABBE'.

Supposé que la chose fust comme vous le dites, cela ne feroit aucun honneur aux Anciens, dont il s'agit entre nous, lesquels ne sont précisément que les Grecs & les Romains, comme nous en sommes déja convenus ; mais il n'est point vray que l'invention de la Boussole nous soit venüe de la Chine.

LE PRESIDENT.

C'est pourtant l'opinion commune de tous les Sçavans.

L'ABBE'.

Il est vray que Guillaume * Gilbert a écrit qu'en l'année 1260. un Venitien nommé Paul apprit dans la Chine le secret de la Boussole, & qu'en l'année 1300. un nommé Jean de Goye natif de Melphes enseigna ce secret à ceux de sa ville ; mais il est vray aussi que Guyot de Provins, qui vivoit en l'année 1180. fait mention de la Boussolle dans ses Poësies rapportées par Fauchet au second

---

Guil. Gilb. lib. 1. cap. 1. de magnete.

Livre des Poëtes François, voicy comment il en parle.

Icelle étoille ne se müet,
Un art font qui mentir ne püet
Par vertu de la Marinette,
Une pierre laide & noirette,
Où li fer volontiers se joint.

Il paroît par là que le secret de la Boussole étoit connu en France, quatre-vingts ans avant que Paul le Venitien l'ait été prendre dans la Chine, & six vingt ans avant que ceux de Melphes s'en servissent ; mais cela ne fait rien au fond de nôtre affaire & montre seulement que rien ne plaist tant à une certaine espece de Sçavans que d'ôter à leur patrie ou à leur siecle la gloire de toutes les inventions, pour la donner ou aux Etrangers, ou aux Anciens, & se faire par là un plus grand merite de la connoissance qu'ils en ont.

LE CHEVALIER.

Quel changement ce secret admirable n'a-t-il point apporté dans toute la Navigation. Avant qu'il fust trouvé, dés que le Ciel étoit couvert, on étoit dans la crainte continuelle de donner dans un écueil, ou de prendre une route contraire à celle qu'on vouloit faire.

L'ABBE'.

Il ne faut pas s'étonner si les Anciens n'ont osé entreprendre les voyages de long cours, qui nous ont fait découvrir dix fois plus de terres que l'on n'en connoissoit de leur temps. Au lieu qu'ils trembloient toûjours & avec raison sans sçavoir où ils alloient quoi qu'éclairez de tous les Astres de la Nuit, aujourd'huy un Pilote va surgir à trois mille lieües loin du lieu d'où il est parti, dans le port qu'il s'est proposé sans s'écarter de sa route qu'autant qu'il le faut pour éviter les terres & les écueils qu'il sçait être sur son passage ; mais comme la Boussole n'étoit pas tout à fait sûre dans les commencemens à cause de la variation de l'aimant qu'on ne connoissoit pas encore, on s'est merveilleusement perfectionné avec le temps dans l'art de s'en servir, par la connoissance exacte de ses variations qu'on s'est acquise avec temps.

LE CHEVALIER.

Si l'on vouloit nombrer tous les avantages qu'on a reçûs de la Boussole, on ne finiroit jamais, on luy doit la découverte d'une infinité de nouvelles terres, & par là des millions de richesses & de commoditez pour la vie, l'or, l'argent, les pierres precieuses, les belles soyes, les porcelaines, toutes sortes d'épiceries, & ce qui est encore plus considerable, des remedes admirables pour la santé, & entre autres le Quinquina, & l'Hypecacuhana, deux specifiques qui guerissent à coup sûr les deux plus frequentes maladies où nous soyons sujets, la Fiévre, & la Dyssenterie.

LE PRESIDENT.

L'or des Indes, & les porcelaines de la Chine, ne nous ont pas rendu plus heureux que nous l'estions, nos Peres trouvoient leurs ragouts faits avec du thin, du romarin, & de la sauge, aussi bons que nous trouvons les nôtres avec du poivre, du cloud de girofle, & du gingeambre. Ils avoient des drogues qui purgeoient comme la Casse, & le Sené, & à l'égard de vos deux specifiques, quand ils ne sont pas bien maniez, ils sont souvent moins de bien que de mal : d'ailleurs on a trouvé que l'écorce d'Aune a la même vertu que le Quinquina quand il est preparé de même, & je ne doute point qu'on ne trouvât icy une drogue aussi bonne pour la Dyssenterie que l'Hypecacuhana, si les Medecins se donnoient la peine de chercher des remedes avec autant de soin qu'ils le devroient.

LE CHEVALIER.

Il faut avoir bien envie de déprimer les avantages du siécle où nous sommes pour avancer tout ce que vous dites : mais ce n'est que pour entretenir la dispute que vous parlez de la sorte, & vous n'estes pas moins convaincu que nous des biens que nous devons à la Navigation des Modernes.

L'ABBE'.

Si nous voulons examiner la construction de nos Vaisseaux, & de nos Galleres, nous la trouverons bien plus solide, & bien mieux entendüe qu'elle ne l'a esté dans tous les siécles précedens. Une vingtaine de nos Canons auroit enfoncé ou coulé à fonds une bonne partie des plus grands Vaisseaux des Grecs & des Romains, de quelle plus grande force ne doivent pas être ceux d'aujourd'huy qui sont chargez de cent & de six vingts pieces de canon, & qui sont construits pour resister aux tempestes de l'Ocean, au lieu que les Vaisseaux des Anciens n'avoient à resister qu'aux orages de la Mediterranée. Je croy vous avoir dit que Mr. Maimbomius tres sçavant homme, aprés avoir fort estudié la forme, & la construction des Triremes des Anciens, & croyant qu'on perdoit beaucoup à ne pas les remettre sur pied...

LE PRESIDENT.

Vous nous avez dit qu'il en fut desabusé par Mrs. de l'Académie,

Royale des Sciences, qui le firent demeurer d'accord, que nos Galleres d'aujourd'huy valloient mieux que les Triremes des Anciens, par ce qu'une seule grande rame placée comme elle est presentement, fait plus d'effet que cinq & six rames posées l'une au dessus de l'autre; ainsi qu'elles l'étoient autrefois; mais Mr. Maimbomius tout sçavant qu'il estoit, pouvoit s'estre laissé tromper, faute d'en sçavoir assez sur cette matiere.

L'ABBE'.

Mr. Maimbomius avoit estudié la matiere à fond, & on le peut voir par l'excellent Livre qu'il en fait, orné & éclairci par des estampes, où on voit toutes choses admirablement bien developpées; d'ailleurs il avoit affaire à des gens qui bien loin de le vouloir tromper, eussent esté aussi aises que luy de faire revivre une invention qui eust contribué à la gloire du Roy,
&

& au bien de l'Estat. Ainsi je suis persuadé qu'il n'y a point à revenir sur cet article, & qu'enfin nostre maniere de naviger l'emporte en toutes choses sur celle des Anciens.

LE CHEVALIER.

Je croy qu'on peut dire presentement, qu'il ne manque plus pour la perfection de l'Art de naviger, que le secret des longitudes.

L'ABBE'.

Vous pouvez ajouster que nous le possedons en quelque sorte, puisqu'il ne reste plus qu'à trouver les moyens d'empêcher que les grandes tempestes ne détraquent le mouvement des pendules.

LE CHEVALIER.

Il est vray que si la pendule pouvoit n'estre point troublée dans son mouvement, on verroit aussi juste combien on avance vers le Levant, ou le Couchant, par la difference de ce qu'elle marque-roit, d'avec ce que marqueroit le cours du Soleil, ou celuy des Eſtoilles; qu'on voit juſte combien on avance vers le Nort, ou vers le Sud par l'élevation du Pole.

L'ABBE'.

Il n'a pas tenu à Mr. Colbert, qu'on n'ait trouvé les moyens de conſerver à la pendule la juſteſſe de ſon mouvement ; car il n'a épargné aucune dépenſe à faire faire toutes les machines qu'on luy a propoſées pour en venir à bout, il n'y a point d'experience que l'on n'ait faite, point de maniere de genou & d'autre ſuſpenſion que l'on n'ait eſſayée, il eſt toûjours venu des coups de vent ſi ſubits & ſi contraires les uns aux autres, dans le même moment, qu'il n'y a rien qu'ils n'ayent deconcerté, or pour peu que la pendule s'arrête, ou ſe devoye, on ne doit plus y ajouſter aucune foy.

LE PRESIDENT.

Eſt-il bien vray que la pendule eſt entierement de l'invention de Mr Huggens.

L'ABBE'.

Si par le mot de Pendule vous entendez parler de l'horloge qu'on appelle ainſi, Mr Huggens en eſt le ſeul & unique Inventeur, c'eſt à dire, qu'il eſt le premier qui s'eſt aviſé de mettre aux Horloges, & aux Monſtres cette verge mobile, qui tient la place du Balancier; mais ſi par Pendule, vous entendez parler ſeulement de cette verge, & de l'obſervation qu'on a faite que ſes vibrations ou mouvemens ſont toûjours égaux entre eux, ſoit qu'elle faſſe beaucoup de chemin, ſoit qu'elle en faſſe peu, pluſieurs eſtiment que cette découverte eſt dûë à Galilée, ils ajoûtent que ce fut dans une Egliſe, qu'il en fit la remarque ſur la corde d'une lampe suspendüe qu'on avoit mise en mouvement. Il luy sembla que les allées & venües de cette lampe étoient aussi distantes l'une de l'autre, sur leur déclin qu'elles l'avoient esté dans leur commencement, il en fit l'observation chez luy, & trouva qu'il ne s'estoit point trompé : mais supposé que cela soit, on n'en est pas moins obligé à Mr. Huggens de nous avoir donné la pendule, & sur tout de l'avoir mise en l'état de perfection où elle est aujourd'huy par le moyen des Cycloides qu'il y a ajoustées.

LE CHEVALIER.

Je ne connois point ces Cycloides.

L'ABBE'.

Ce sont deux especes de demi cercles, mis vers la racine du petit ruban qui soustient la pendule, & contre lesquels il touche à chacune de ses vibrations, qui ne sont point d'elles-mesmes si égales que les grandes ne soient un peu plus lentes que les petites ; or ces demi-cercles sont courbez de telle sorte, que le ruban du pendule qui frappe contre, se racourcit par ce moyen de ce qu'il faut, pour leur rendre la vitesse que leur ôte la trop grande estenduë de leur mouvement. Rien n'est plus ingenieux que cette invention de rendre un mouvement plus vîte, ou plus lent selon qu'il en est besoin, ny de plus difficile à trouver que la ligne courbe de ces Cycloides. Il est à remarquer qu'elles font le principal merite de la Pendule, puisque c'est d'elles que luy vient cette justesse qui l'a fait admirer.

LE CHEVALIER.

On dit qu'il y a à l'Observatoire des pendules qui sont d'une justesse inconcevable.

L'ABBE'.

Cela est vray, & par leur moyen

quand vous regardez par une lunette qui est braquée tout auprés, on vous dit à quelle seconde vous verrez passer au bout de cette lunette, une telle ou une telle estoille, & vous ne manquez point de la voir paroistre dans le moment qu'on a marqué.

LE CHEVALIER.

On disoit autrefois en se moquant qu'on avoit une Monstre qui regloit le Soleil, on le peut dire aujourd'huy sans se mocquer ; car cela est vray, & on a mesme fait des tables pour corriger par la pendule, les erreurs du Soleil pendant tout le cours de l'année. Ce que je ne puis encore trop admirer, c'est le secret qu'on a trouvé de faire repeter l'heure à la pendule quand on veut. Ne voudriez-vous point aprés cela, Monsieur le President, luy preferer les Clepsydres des Anciens.

LE PRESIDENT.

Non assurement, & je consens que vous n'en fassiez pas plus de cas que de ces petites horloges de sable que nous avons, puisque le sable fait le même effet dans les unes que l'eau faisoit dans les autres.

LE CHEVALIER.

Ajoustez s'il vous plaist que nos horloges à sable sont plus justes, & plus commodes, puisqu'elles ont chassé les Clepsydres toutes venerables qu'elles estoient par leur antiquité.

L'ABBE'.

Avez-vous oüy parler d'une horloge de nouvelle invention où une seule aiguille marque en même-temps sur deux cadrans qui l'environnent les heures ordinaires, & les heures inégales.

LE PRESIDENT.

Qu'appellez-vous heures inégales.

L'ABBE.

J'appelle heures inégales, les douze heures du jour artificiel, que l'on conte depuis le lever du Soleil, jusqu'à son coucher, & les douze heures de la nuit que l'on compte depuis le coucher du Soleil jusqu'à son lever. Comme les jours vont toûjours en croissant ou en diminuant, les heures qui les composent croissent ou diminuent aussi toûjours à proportion.

LE PRESIDENT.

J'entends bien, mais comment se peut il faire que la même aiguille qui marque les heures égales dont nous nous servons; marque en même-temps les heures inégales, qui sont tantôt petites, & tantôt grandes selon la difference des saisons.

L'ABBE'.

C'est en quoy consiste la beauté de l'invention.

LE CHEVALIER.

Je ne suis pas moins estonné que Mr. le President ; car j'ay oüy dire à bien des Sçavans que depuis qu'il y a au monde des Horloges à mouvement, on a tasché d'en venir là, & qu'on n'a pû y arriver.

L'ABBE'.

Cependant vous trouverez que ce secret n'est presque rien, dés qu'on vous l'aura dit.

LE CHEVALIER.

Il n'en est que plus beau ; car c'est signe qu'il est tres naturel & tres simple.

L'ABBE'.

Ce qui a empesché jusqu'icy de

le trouver, c'est que ceux qui s'y sont appliquez, ont cherché de faire en sorte que l'Aiguille augmentast ou diminuast, de vistesse chaque jour pour se rendre plustost, ou plus tard, sur les heures qu'elle avoit à marquer, selon que les jours estoient ou plus longs ou plus courts. Pour en venir là, il falloit donner chaque jour un nouveau mouvement à l'aiguille; les roües excentriques, les mouvements retrogrades, tout a esté mis en usage : mais inutilement, l'Inventeur de l'horloge dont nous parlons, s'est avisé de rendre les heures de son cadran mobiles, & de les faire s'approcher ou s'éloigner les unes des autres selon que les jours & les nuits croissent ou diminuent, de sorte que l'aiguille allant toûjours son chemin ordinaire, & marquant sur un autre cadran les heures égales, dont nous nous servons, elle marque en même-temps les heures inegales sur le cadran, où les heures qui sont mobiles viennent se ranger chaque jour, comme elles doivent estre pour separer le jour artificiel en douze parties égales, & la nuit en douze autres parties aussi égales.

LE PRESIDENT.

J'y suis & trouve cette invention tres-belle, quoi que je ne comprenne pas comment la chose se peut faire; car il faut que les approches des heures ou leurs éloignemens soient tous les jours differens les uns des autres.

L'ABBE'.

L'explication de cette machine demande un peu de figure sur le papier; ainsi nous la remettrons au premier jour.

LE CHEVALIER.

Je seray tres aise de me trouver à cette explication; car quoy que cette invention ne soit d'aucune utilité elle ne laisse pas d'estre fort curieuse.

L'ABBE'.

Pourquoy voulez-vous qu'elle ne soit d'aucune utilité.

LE CHEVALIER.

Ne voit-on pas assez clairement quand le Soleil se leve ou quand il se couche, & a-t-on besoin d'une horloge pour le sçavoir.

L'ABBE'.

Oüy, assurément sur tout quand le temps est couvert ; mais supposé qu'on voye lever le Soleil, on ne sçait pas toûjours de combien son lever est éloigné de son Mydi, & de son Coucher. Croyez-vous qu'il ne sera pas utile aux voyageurs de sçavoir juste combien ils ont encore de jour. Je suis seur que cela sera d'un grand usage à l'armée pour les marches, les campemens & plusieurs autres expeditions, où il est tres important de n'estre pas surpris par la nuit.

LE PRESIDENT.

Ces horloges seront encore fort utiles dans tout le Levant où mille choses, & particulierement celles de la Religion se reglent selon le lever, & le coucher du Soleil, & suivant les heures inégales du jour artificiel.

L'ABBE'.

Cela est vray, mais où en sommes nous ?

LE CHEVALIER.

Nous en sommes aux Mathematiques, vous avez parlé de l'Astronomie, de la Geographie, & de la Navigation, c'est à vous à voir quelles autres parties de cette science vous voulez examiner presentement.

L'ABBE'.

Si nous voulions les traitter toutes un peu à fond, nous n'aurions jamais fait, je remarqueray seulement qu'encore que les principes des Mathematiques soient extrêmement clairs, & extrêmement simples, il est neantmoins tres-difficile d'en tirer la pluspart des veritez que l'on cherche; parce qu'elles en sont fort éloignées, & que cela ne se peut faire que par une longue suite de raisonnemens enchainez les uns aux autres, ce qui n'a pû estre fait avec quelque sorte de perfection, qu'en ces derniers temps où nous avons profité des meditations, & des pensées de ceux qui nous ont précedez, & nullement par ceux qui les premiers ont cultivé ces sciences. Les Elemens d'Euclide sont ce qui nous reste des Anciens de plus celebre, & de plus estimé, cependant tous les Mathematiciens d'aujourd'huy conviennent que ces Elemens sont tres imparfaits, & qu'on ne peut excuser leur peu d'étendüe, qu'en supposant qu'Euclide n'a eu dessein de donner que les Elemens des cinq corps, qui peuvent s'inscrire dans une même Sphere. Ses autres ouvrages sont peu de chose, & ont esté effacez par ceux d'Apollonius Pergeus, de mesme que ceux d'Apollonius Pergeus l'ont esté ensuite par les nouvelles découvertes des derniers temps. Archimede estoit un grand genie, & a eu toute la reputation qu'on peut avoir, mais la pluspart des choses qu'on luy attribue sont constamment fabuleuses, comme ces miroirs ardens dont il brusloit des Vaisseaux de cinquante à soixante pas de distance, & ces machines qui enlevoient des Navires, de la Mer dans la ville, en les faisant passer par dessus les murailles; choses que le bon sens seul demonstre estre impossibles. Ce qu'on a trouvé dans ce dernier siécle, sur la quadrature d'une infinité d'espaces courbes, & sur le rapport qu'ils ont les uns avec les autres est quelque chose d'infiniment plus beau, & d'une plus profonde méditation que tout ce qui nous est resté d'Archimede qui depuis un long temps n'est plus venerable que par son ancienne reputation. Pour estre convaincu de ce que je dis, il ne faut que se souvenir combien les Anciens faisoient de bruit pour peu de chose, Pithagore trouve que le diametre d'un carré fait le costé d'un autre carré une fois plus grand, & en action de graces de cette découverte, il fait un sacrifice de cent bœufs. Archimede trouve en se baignant le moyen de verifier combien on a meslé de cuivre dans la Couronne d'Or du Roy de Syracuse, & de joye qu'il en a il sort de son bain, & court tout nud dans les rües en criant *j'ay trouvé*, *j'ay trouvé*.

LE CHEVALIER.

J'aimerois bien à voir Mrs de l'Observatoire descendre tout nuds, le long de la rüe S. Jacques, en criant comme Archimede, *j'ay trouvé, j'ay trouvé* ; car je suis seur qu'ils trouvent tous les jours des choses aussi merveilleuses que ce qui fit extravaguer Archimede d'une maniere si ridicule.

L'ABBE'.

Quand Messieurs de l'Observatoire ont fait de ces sortes de découvertes, ils se tiennent bien heureux si leurs Confreres de l'Academie des Sciences, leur disent obligeamment que ce qu'ils ont trouvé est fort joli.

LE CHEVALIER.

Cela marque l'accoustumance où on est aujourd'huy, de voir les mêmes choses qu'on regardoit autrefois comme des miracles.

L'ABBE'.

Pour ce qui est de la science des Nombres, il ne faut que voir la distance qu'il y a de nostre Algébre aux regles ordinaires de l'Arithmetique, pour connoistre combien nous surpassons les Anciens de ce costé-là. On fait presentement par le secours de l'Algebre plus de calculs en une heure, qu'on n'en faisoit autrefois en dix jours, par les regles ordinaires de l'Arithmetique.

LE CHEVALIER.

Suivant le plan que nous avons fait, vous devez parler presentement de l'Art Militaire.

L'ABBE'.

L'Artillerie a tellement changé la face de la Guerre, & sur la Terre & sur la Mer, qu'il est mal aisé de comparer la maniere dont nous la faisons avec celle dont la faisoient les Anciens ; ce ne font plus, à la reserve des Piques, des Espées, & des Cuirasses, les mesmes armes offensives, ny défensives, au lieu de Beliers & de Catapultes, ce sont des Canons, & des Bombes, au lieu de Frondes, d'Arcs, & de Fléches, ce sont des Mousquets, des Pistolets, & des Fusils ; autrefois les Murs & les Tours d'une ville ne pouvoient avoir trop d'élevation, aujourd'huy ces mesmes Murs & ces mesmes Tours, transformez en Bastions & en Remparts, ne s'élévent gueres au dessus de la platte campagne, & ne seroient pas de si bonne défense si on les élevoit davantage.

LE CHEVALIER.

Il faut pourtant demeurer d'accord que l'invention de la poudre à canon a gasté le mestier de la guerre ; autrefois un brave homme estoit comme asseuré de ne perdre la vie que par la main d'un plus brave que luy ; aujourd'huy le plus lasche Soldat peut tüer d'un coup de Fusil de derriere un mur le plus vaillant de tous les Capitaines.

L'ABBE'.

La mesme chose se faisoit autrefois à peu prés de la mesme façon, avec des Javelots, & avec des Fléches ; comme il y a eu de tout temps des armes qui atteignent de loin, il n'a jamais suffi à un Guerrier d'estre brave pour éviter la mort, il a fallu aussi qu'il ait esté heureux ; mais laissant à part toutes les choses que l'Artillerie a changées dans la guerre, regardons la seulement par où elle est la mesme aujourd'huy qu'elle estoit autrefois. Une des choses dont on a loüé davantage les Anciens, c'est de ce

des Anciens & des Modernes. 117

que chaque Soldat portoit avec luy tout ce qu'il falloit pour faire la guerre. Il portoit une épée, un Javelot, & un Bouclier, il portoit un gros pieu qui servoit pour former & fermer le camp, il portoit encore un pic & une pelle pour remuër la terre, il estoit chargé outre cela d'autant de blé, qu'il luy en falloit à peu prés pour l'expedition qu'on alloit faire & sur le tout d'un moulin à bras pour moudre son blé, & d'un four portatif pour cuire son pain.

LE CHEVALIER.

Voilà la charge d'un Mulet d'Auvergne.

LE PRESIDENT.

Il est vray que le Soldat estoit chargé ; mais la peine de porter un si lourd fardeau l'endurcissoit au travail, & à toutes les fatigues de la profession des Armes, & ce qui est d'une plus grande importance épargnoit le long attiral des Pionniers, & des Vivandiers qui sont si à charge à l'Armée, & d'une dépense si éffroyable.

L'ABBE'.

Il faut pourtant bien que dans la suitte, on n'ait pas trouvé son compte à la methode des Anciens; car rien n'estoit plus aisé que de continuer à s'en servir.

LE CHEVALIER.

Cela a changé comme on voit changer les modes tous les jours, sans qu'on puisse dire que celle que l'on prend vaut mieux que celle que l'on quitte.

L'ABBE'.

Il n'en est pas des choses utiles & necessaires, comme des choses agreables, & purement de fantaisie. Il suffit qu'il y ait long-temps qu'on porte des chapeaux d'une certaine forme pour en prendre d'une figure toute opposée ; mais il n'arrivera point qu'on quitte les Canons & les Mousquets, pour reprendre des Fléches, & des Beliers, on ne cessera point de se conduire par la Boussolle, pour se remettre à consulter les Astres. D'ailleurs je vous diray fort bien pourquoy on n'oblige plus les Soldats à se charger de tant de choses, & qu'on a mieux aimé avoir des Pionniers, & des Vivandiers; c'est que quand un homme ne fait qu'un mestier il le fait beaucoup mieux que quand il en fait plusieurs. Un Soldat qui n'est tenu qu'à faire l'exercice, qu'à tenir ses armes bien nettes & en bon état, & à bien combattre quand il le faut, s'aquitte mieux de son devoir que quand il faut qu'il soit tout ensemble Soldat, Pionnier, Meusnier, & Boulanger, joint qu'il n'est point possible qu'un homme qui sort de dessous un lourd fardeau qu'il a porté tout le jour aille gayement & vigoureusement au combat.

LE CHEVALIER.

Il y a des païs, comme en Suéde & en Moscovie, où les Païsans font eux-mesmes tout ce qui entre dans la construction de leurs maisons, maçonnerie, charpenterie, couverture, menuiserie, serrurerie, & tout le reste. Il est certain que tous les ouvrages de ces païsans sont fort mal faits, & n'approchent pas de ceux de ce païs-cy, où chaque espece d'ouvrage a un ouvrier qui le fait, & qui ne fait autre chose. Je ne croy pas qu'il soit besoin d'achever ma comparaison.

L'ABBE'.

On voit où elle va : mais permettez-moy de vous en faire une autre qui n'est pas si juste ; mais qui ne vous deplaira peut-estre pas. Les Chinois

Chinois ont autant de caracteres differens qu'il y a de mots dans leur Langue ; & nous n'avons que vingt-trois lettres pour former tous les mots de la Langue Françoise ; on ne doute point que nostre façon d'écrire ne soit infiniment meilleure que celle des Chinois, & cela est si vray qu'un enfant apprend icy en peu de temps à fort bien lire, & dans la Chine, il y a des vieillards qui aprés plus de soixante ans d'étude ne peuvent pas lire encore tout ce qu'on leur presente ; parce qu'il s'y rencontre souvent des mots de choses qui leur sont inconnües, & dont par consequent, ils ne connoissent pas les caracteres. Comme il vaut mieux qu'un certain nombre de caracteres forme toute sorte de mots, que si chaque mot avoit son caractere particulier, il vaut mieux aussi qu'un certain nombre d'Officiers serve à tout le corps de l'Armée, que de charger chaque Soldat de tant de diverses fonctions differentes qu'il fait mal, & qui luy empeschent de bien faire la sienne propre.

LE CHEVALIER.

Il y a une chose qui me semble prouver bien clairement que sur le fait de la guerre, l'avantage est de nostre costé ; c'est que nous sommes tout autrement seurs du succez de nos entreprises qu'on ne l'étoit dans les premiers temps, on calcule aujourd'huy, & on dit à trois jours prés combien durera le Siége d'une place, combien d'hommes, ou combien de temps il en coustera; autrefois il n'y avoit ny Capitaine, ny Ingenieur, qui pût rien promettre là-dessus. Les Grecs qui croyoient aller prendre Troye en y arrivant furent dix ans à en venir à bout, cela ne marque pas qu'ils sçussent fort bien le mestier de la guerre.

LE PRESIDENT.

Vous ne deciderez rien de bien juste sur cét article, & vous en avez dit la raison qui est le changement que l'Artillerie a apporté dans l'Art de la Guerre ; ainsi nous ferions mieux de passer à autre chose.

L'ABBE'.

Si vous le voulez bien nous passerons à la Philosophie.

LE CHEVALIER.

Tres volontiers, la poudre à Canon n'y a point fait de changement, & il ne se peut pas une transition qui tranche davantage.

LE PRESIDENT.

Nous allons voir que tout ce qu'on a ajousté à l'ancienne Philosophie, dans les derniers temps, n'a fait que la gaster en y meslant des chicanes ridicules, & un jargon de l'Ecole également insupportable, & au bon sens, & aux oreilles un peu delicates.

L'ABBE'.

Il est vray que les Anciens ne se sont appliquez à quoy que ce soit, avec plus d'ardeur qu'à la Philosophie. La Grece étoit toute remplie de Philosophes, & les Atheniens ne s'occupoient comme on le voit mêmes dans les Actes * des Apostres qu'à dire, ou qu'à entendre quelque chose de nouveau, mais il est vray aussi qu'ils ne sçavoient presque tous ce qu'ils disoient, & que ce qu'ils ont dit de bon parmi un nombre infini de reveries, est si peu de chose qu'il ne peut entrer en comparaison avec les connoissances que nous avons aujourd'huy sur toutes les parties de la Philosophie.

LE PRESIDENT.

Et moy je suis persuadé que les Modernes en sçavent moins que

* Cap. 17. v. 21.

les Anciens, & que si l'on pense autrement ; c'est qu'on regarde comme de nouvelles découvertes, la connoissance de plusieurs choses qui s'est perdüe avec leurs Livres. On a cru d'abord que Descartes étoit le premier Inventeur de son Systeme, & en l'examinant on a trouvé que c'étoit celuy de Democrite qu'il n'a fait que renouveler.

L'ABBE'.

Je répondray à ce reproche quand nous parlerons de Descartes. Allons par ordre. On divise aujourd'huy la Philosophie en quatre parties, la Logique, la Morale, la Physique, & la Metaphysique.

LE CHEVALIER.

Est-ce que cette division n'est pas de tous les temps.

L'ABBE'.

Non assurement, les Anciens

n'ont sçeu ce que c'estoit que Metaphysique. Ils en ont bien dit quelque chose en quelques endroits, particulierement à l'occasion des Universaux, c'est à dire, des idées generales que l'esprit se forme des choses independamment de la matiere; Platon a parlé aussi de ces Idées sans ordre, & sans methode; mais ils n'en ont jamais fait une science separée des trois autres parties de la Philosophie. En un mot cette Science qu'on appelle Science Universelle, qui regarde l'Estre & ses proprietez en general, n'a jamais esté connuë des Anciens.

LE CHEVALIER.

Il me semble pourtant avoir oüy parler des Metaphysiques d'Aristote.

L'ABBE'.

De cent quarante & un chapitres, dont est composé ce qu'on

appelle les Metaphysiques d'Aristote, il n'y a que les cinq derniers qui parlent de matieres qu'on puisse appeller Methaphysiques, tous les autres chapitres n'y ont aucun rapport, ce sont de petits traittez sur toutes sortes de sujets mis ensemble à l'avanture, & qui n'ont esté appellez Metaphysiques par ceux qui les ont recüeillis; que parce qu'ils les ont placez ensuite des Livres qui traittent de la Physique.

LE CHEVALIER.

Voilà un secret bien aisé pour faire des traittez de Metaphysique.

L'ABBE'.

Quoy qu'il en soit, venons à la Logique. Aristote en a tres bien parlé, & on ne peut trop le loüer sur cét Article ; mais il auroit pû reduire ce qu'il en dit, à la moitié.

LE PRESIDENT.

Comment pouvez-vous avancer une telle chose.

L'ABBE'.

Pour en être persuadé, il ne faut que lire la Logique du Port Royal, qui a pour titre *l'Art de penser*; c'est un petit volume qui n'a pas trois doigts d'espaisseur, il renferme cependant tout ce qu'il y a de bon dans les Livres d'Aristote qui sont dix fois plus amples, & outre cela il contient une infinité de bonnes choses qui ne sont point dans Aristote.

LE CHEVALIER.

Quelles sont donc ces bonnes choses dont Aristote n'a point parlé.

L'ABBE'.

Ce sont les applications des régles de la Logique pour découvrir les faux raisonnemens que tous les hommes font tous les jours dans la conduite de leur vie sans s'en appercevoir, & par lesquels ils tombent en mille fautes. Cette partie est assurement la plus utile.

LE PRESIDENT.

Je n'ay point lû cette Logique du Port Royal, & n'ay aucune curiosité de la lire, tres seur qu'elle ne dit rien qui ne soit beaucoup mieux dit par Aristote.

L'ABBE'.

Je ne sçay pas comment on peut estre bien seur d'une chose que l'on n'a point examinée.

LE PRESIDENT.

Il n'est pas possible que rien de bon ait échappé à un genie tel qu'Aristote sur une matiere qu'il a traittée à fond; d'ailleurs j'ay vû que dans les Colleges on a tant embarassé la Logique de questions frivoles & ridicules, que je ne doute point qu'il n'en soit de mesme de cét Art de penser dont vous parlez.

LE CHEVALIER.

Puisque nous en sommes sur la Logique; est-ce s'en bien servir que de conclure que la Logique du Port Royal, est pleine de questions frivoles; parce qu'il s'en trouve souvent dans les disputes qui se font aux Colleges.

LE PRESIDENT.

J'avoüe que cela ne conclud pas; mais les apparences y sont.

L'ABBE'.

Puisqu'il est permis de raisonner sur les apparences y a t il apparence que la Logique d'Aristote, soit bien claire & bien intelligible, lorsqu'on voit dans les Colleges dont vous parlez, que les

Professeurs de Philosophie, qui soustiennent des opinions formellement opposées les unes aux autres prétendent tous avoir Aristote de leur costé.

LE PRESIDENT.

C'est que tous tant qu'ils sont ils n'entendent point Aristote.

L'ABBE'.

Cela fait voir qu'Aristote n'est guere intelligible.

LE CHEVALIER.

J'ay oüy dire que ceux qui entendent le mieux ce grand Philosophe, font bien de ne pas s'engager à le traduire, à cause des tenebres insurmontables, dont tout ce qu'il dit est environné.

L'ABBE'.

On peut ajouster qu'ils font mieux de travailler de leur chef sur la Logique, comme a fait le sçavant Mr. du Hamel de l'Academie des Sciences qui nous en a donné une tres excellente, & en mesme temps une Morale, une Physique, & une Metaphysique, de la mesme force, ce qui compose un cours de Philosophie le plus accompli que nous ayons.

LE CHEVALIER.

Je ne m'entens pas beaucoup, en ces sortes de choses; mais ayant un jour trouvé sous ma main la Logique dont vous parlez, j'en leu cinq ou six pages avec bien du plaisir, & fus fort étonné de comprendre sans peine, ce que je lisois.

L'ABBE'.

Voilà l'effet de l'ordre & de la methode dans l'ouvrage d'un homme qui possede bien sa matiere, & de la vient que ce qui ne s'apprend qu'avec beaucoup d'estude, & de travail dans les écrits des Anciens s'apprend fans peine, & mesme avec plaifir dans les ouvrages des Modernes.

LE CHEVALIER.

En voilà affez, ce me femble fur la Logique, Voyons s'il vous plaift ce que vous avez à nous dire fur la Morale.

L'ABBE'.

Je vous diray que de toutes les parties de la Philofophie, c'eft celle que les Anciens ont le plus ignorée.

LE PRESIDENT.

Cependant Socrate quitta l'eftude de la Phyfique, qui faifoit alors la principale occupation des Philofophes pour s'appliquer à la Morale, parce, difoit-il, qu'on ne voyoit goutte dans les chofes de la Nature, & qu'on voyoit clair dans celles qui regardent les mœurs.

L'ABBE'.

C'est que Socrate ne sçavoit pas qu'il luy estoit plus mal aisé de se connoistre luy-mesme, que de connoistre tous les secrets de la Nature.

LE PRESIDENT.

Pour quoy cela?

L'ABBE'.

C'est que pour se bien connoistre : il faut connoistre la corruption du cœur humain, & le desordre qu'y a causé le peché du premier homme, connoissance qu'il ne pouvoit avoir, & sans laquelle il ne pouvoit pas aussi se corriger d'une infinité de défauts.

LE PRESIDENT.

Comment dites vous cela, Socrate n'a travaillé toute sa vie qu'à se corriger. Il reconnoissoit qu'il étoit né pour estre un fort meschant homme, & qu'il l'auroit été s'il n'avoit combattu fortement ses mauvaises inclinations.

L'ABBE'.

Il est vray qu'il a combatu, & vaincu mesme la pente qu'il pouvoit avoir, ou au vol, ou au meurtre, ou à la desbauche, soit du vin, soit des femmes ; mais pour l'orgueil, la source de ces vices, & de tous les autres, il n'a jamais songé à s'en deffaire, & mesme ce n'a esté que par la force de son orgueil, qu'il est venu à bout de dompter ses passions.

LE PRESIDENT.

Où voyez-vous donc que Socrate ait eu de l'orgueil.

L'ABBE'.

Je le voy dans la pluspart de ses paroles. L'orgueil n'est pas tout d'une espece. Il y en a un qui est insolent, hautain & declaré tel que celuy des Conquerans, des grands Capitaines, des Ministres, des Magistrats, & de tous ceux qui occupent des postes considerables dans le monde, il y en a un autre qui est caché, souple & retenu, tel que celuy des Philosophes de qui la politique pour parvenir à la gloire, dont ils ont encore plus de soif que tous les autres hommes, est de prendre des routes détournées, & toutes opposées au chemin que tient le commun du monde. Ceux qui ont comparé ces deux genres d'orgueil ensemble ont trouvé que le dernier étoit bien plus subtil, & bien plus vif, & c'est par cette raison que Tertullien definit le Philosophe un animal de gloire. Ils ont encore observé que plus les Philosophes ont esté Philosophes, & plus ils ont esté orgueilleux ; parce que l'orgueil estoit comme l'ame de leur Philosophie ; c'est pour quoy lors que Diogene fouloit aux pieds le beau manteau de Platon, en disant, je foule aux pieds le faste de Platon, on luy répondit, oüy, mais avec un plus grand faste, pour luy faire entendre que s'il estoit plus Philosophe que Platon, il estoit aussi plus orgueilleux.

LE PRESIDENT.

D'où vient que vous jugez si mal de tant de grands personnages.

L'ABBE'.

C'est que je ne voy pas qu'ils ayent pû estre vertueux au point qu'ils le vouloient paroistre par un autre principe.

LE PRESIDENT.

Est-ce que la vertu n'est pas assez belle pour se faire aimer par ses propres charmes.

L'ABBE'.

Oüy, mais son plus grand charme pour eux estoit que par elle ils s'eslevoient au dessus des autres, & qu'ils avoient le plaisir de les regarder de haut en bas.

LE PRESIDENT.

Quand la chose seroit ainsi, où est le mal de se mettre au-dessus de ses Concurrens, quand on y parvient par des voyes honnestes & legitimes.

L'ABBE'.

Quand les voyes seroient les plus honnêtes du monde, la fin qui est de s'eslever au dessus des autres ne vaut rien, & comme c'est la fin qui rend les actions bonnes ou mauvaises, on ne peut pas dire que tout ce que ces Philosophes ont fait par principe d'orgueil, soit quelque chose de bon, ny de loüable.

LE PRESIDENT.

Vous nous avez dit Mr. l'Abbé que toutes les paroles de Socrate étoient pleines d'orgüeil ; cependant la chose dont on l'a le plus loüé, est d'avoir été modeste dans ses discours, d'avoir parlé de toutes choses, non point d'un ton affirmatif & décisif comme la plus-part des Philosophes, mais toûjours en doutant, & moins pour dire son avis, que pour sçavoir celuy des autres.

LE CHEVALIER.

Je ne suis pas un grand personnage, mais je n'ay jamais donné dans ce panneau ; j'ay toûjours hay l'air mocqueur & ironique avec lequel Socrate parloit aux gens, & sur tout ce doute dont vous parlez, doute affecté, & par lequel il faisoit voir combien il étoit seur de son opinion, & combien il avoit compassion de l'égarement de ceux qu'il interrogeoit. Je fauterois aux yeux d'un homme qui en uferoit de la forte avec moy, j'aime bien mieux qu'on ne fe cache point de la confiance qu'on a dans fon bon fens ; qu'on difpute fortement & mefme avec hauteur, fi l'on a de l'afcendant fur moy & de meilleures raifons que les miennes, que de voir un homme s'adoucir par pitié, & s'accommoder à ma portée par des manieres humbles en apparence, mais dans le fond les plus orgueilleufes, & les plus offençantes dont on puiffe fe fervir dans une difpute.

L'ABBE'.

Quoyque Mr. le Chevalier s'exprime avec chaleur, il n'a pas cependant trop de tort, & ce qu'il dit, prouve bien que les orgueilleux déplaifent toûjours de quelque maniere qu'ils s'expriment, & fur quelque ton qu'ils le prennent.

LE PRESIDENT.

Cela prouve seulement que Mr. le Chevalier est aisé à mettre en mauvaise humeur, puisque ce même Socrate qui a esté aimé & adoré de tout le monde pour ses manieres douces & honnestes, a le malheur de luy déplaire.

L'ABBE'.

Nous ne sçavons point comment ceux à qui parloit Socrate, s'accommodoient de ses Ironies; mais nous voyons bien que ces Ironies sont offençantes, comme c'est leur nature de l'être presque toujours, & si elles nous plaisent dans les ouvrages de Platon, c'est que nous sommes bien aises de nous divertir avec Socrate aux dépens de ceux à qui il parle, lesquels à moins que d'estre bien stupides, devoient en estre tres mal contens.

LE CHEVALIER.

Si ces Ironies m'offenfent aprés deux mille ans, moy qu'elles ne regardent point, quel chagrin & quelle indignation ne devoient elles point caufer aux perfonnes interessées ? vous en direz ce qu'il vous plaira, mais il n'eft point d'un homme veritablement fage & vertueux de fe divertir de la forte.

L'ABBE'.

Je fuis perfuadé qu'en cela Socrate contrevenoit à la loy naturelle, qui nous deffend de faire à autruy, ce que nous ne voudrions pas qui nous fuft fait.

LE CHEVALIER.

On ne voit point que les Philofophes anciens fe foient mis en peine du chagrin que leur orgueil pouvoit donner, quoy qu'ils euffent été peut eftre bien faschez qu'on en euft usé avec eux avec le mesme air de suffisance.

L'ABBE'.

Ils méprisoient trop le reste des hommes, pour s'en tenir offensez, & le mesme orgueil qui leur fournissoit des traits picquans, pour blesser ceux qu'il leur plaisoit, leur servoit aussi de bouclier & de cuirasse pour ne pas être blessez des traits que l'on lançoit sur eux.

LE CHEVALIER.

Il est vray qu'ils comptoient presque pour rien tout homme qui n'estoit pas philosophe.

L'ABBE'

Ajoustez, & qui n'estoit pas Philosophe de leur mesme Philosophie. S'ils avoient eu la delicatesse de ne vouloir chagriner personne, Ciceron qui ne se piquoit pas moins d'être bon Philosophe, que d'estre bon Orateur, se seroit abstenu de se vanter par tout, que sans luy la Republique étoit perdüe, & de crier à haute voix, & en Prose, & en Vers : *ô Republique fortunée de m'avoir eu pour Consul !* car autant que ces paroles étoient douces à ses oreilles, autant devoient elles estre désagreables à celles de tous les Romains qui les entendoient.

LE PRESIDENT.

Ce qui vous trompe, Mr l'Abbé, c'est que vous appellez orgueil en Ciceron, ce que vous devriez appeller une belle & veritable gloire.

L'ABBE'.

Ce qui vous trompe, Mr le President, c'est que vous confondez les belles actions que Ciceron avoit faites pendant son Consulat avec l'habitude vicieuse qu'il avoit de s'en vanter. Croyez-moy,

---
O fortunatam natam me Consule Romam !

moy, il n'y a que la Religion Chrestienne qui ait formé un veritable Systéme de Morale.

LE PRESIDENT.

Oüy, de Morale Chrestienne; mais non point de Morale purement humaine telle qu'estoit celle des Anciens.

L'ABBE'.

Pour vous montrer que cette Morale purement humaine des Anciens n'a point de vray Systéme ; c'est qu'elle n'a jamais pû convenir du souverain bien, chose necessaire à la Morale, comme Ciceron le dit luy-mesme dans ses Offices. Toute la matiere des devoirs de l'homme, dit-il, se peut reduire à deux chefs, dont l'un va à établir ce que c'est que le souverain bien, & l'autre comprend les preceptes particuliers qui reglent toutes les actions de la vie.

LE CHEVALIER.

Non seulement les anciens Philosophes n'ont pû convenir du souverain bien ; les uns l'ayant mis dans les richesses, les autres dans les plaisirs, les autres dans l'insensibilité, tous enfin où il ne pouvoit pas estre; mais ils ne l'ont point connu, n'ayant point connu Dieu qui seul est le souverain bien.

L'ABBE'.

Ajoustez qu'ils ne se sont point connus eux-mesmes, puisqu'ils n'ont point sçû, comme je l'ay déja dit, la corruption de la nature humaine par le peché originel. Ces deux connoissances leur ayant manqué, celle du souverain bien qui est Dieu où ils devoient tendre, & celle de la corruption de leur nature qu'ils devoient corriger & reformer pour parvenir à la possession de ce souverain bien, leur Morale n'a pû estre que tres defectueuse. Si d'ailleurs l'on regarde les definitions qu'ils ont faites des vertus, des vices & des passions, on en trouvera presque autant de differentes qu'il y a eu de differents Philosophes, & on verra qu'ils n'ont pas moins ignoré la Morale en détail, qu'ils l'ont ignorée en gros & dans ses principes, au lieu qu'on peut dire qu'il ne manque rien à celle d'aujourd'huy. Elle n'est point en peine de sçavoir en quoy consiste le souverain bien ; tous nos Philosophes conviennent qu'il consiste à posseder Dieu, c'est à dire, à le connoistre, & à l'aimer soit en cette vie, soit en l'autre. Elle n'a plus de peine non plus à connoistre la nature de l'homme que nous sçavons avoir esté corrompüe par le peché d'Adam. Elle est instruite par là que l'orgueil qui passoit presque toûjours pour une vertu chez les Payens, est non seulement un vice en soy, mais le principe & la racine de tous les autres. Car de rapporter tout à foy, & par là se constituer soy-même sa derniere fin, & son Dieu par consequent, c'est une disposition qui gaste toutes les actions, & qui les rend defectueuses, quelques belles qu'elles soient en apparence; comme de les rapporter toutes à Dieu, les rend bonnes, quelques foibles & quelques imparfaites qu'elles puissent estre, pourvu qu'elles ne soient point mauvaises en elles mesmes. On a si bien examiné dans ces derniers temps la nature de toutes les vertus, de tous les vices, & de toutes les passions, que leurs definitions ne sont plus contestées de personne.

LE CHEVALIER.

Estimez-vous cependant, Mr l'Abbé, que tout ce que les Anciens ont écrit sur la Morale, ne soit d'aucune utilité ?

L'ABBE'.

Dieu m'en garde ; ils ont dit de tres belles, & de tres bonnes choses, tres propres mesme à nous confondre, en faisant reflexion qu'ils n'estoient aidez que des seules lumieres naturelles. Il n'y a d'ailleurs qu'à rapporter à Dieu les mesmes actions, dont ils se constituoient l'unique fin, & les faire avec humilité, au lieu qu'ils les faisoient avec orgueil.

LE CHEVALIER.

A propos d'humilité, on dit que les Anciens n'ont point connu cette vertu.

L'ABBE'.

Cela est vray, & mesme elle n'avoit pas de nom parmy eux.

LE CHEVALIER.

Est-ce que *humilitas* n'est pas un mot Latin ?

L'ABBE'.

Oüy, pour signifier bassesse ou petitesse, mais non pas pour exprimer la vertu dont nous parlons, laquelle ils auroient traittée de bassesse, si on leur avoit dit les actions qu'elle fait faire. Comme ils n'ont point connu l'Humilité qui est le fondement de toutes les vertus, ils n'ont point connu aussi la Charité qui en est le comble, & sans laquelle elles ne sont toutes que de fausses vertus, pour ne pas dire de veritables vices.

LE PRESIDENT.

Cependant on ne parle par tout que de la vertu des Payens.

L'ABBE'.

C'est qu'on donne le nom de vertu à ce qui n'en a que l'apparence ; mais cette question nous meneroit trop loin, & je remarqueray seulement une chose qui vous semblera bien étrange aussi bien qu'à moy, quand vous y aurez fait reflexion : c'est que la pluspart des Anciens Philosophes disoient qu'il falloit demander aux Dieux les richesses, les honneurs, la santé, & tous les autres biens exterieurs, mais que pour la vertu & la sagesse, chacun devoit se la demander à soy-mesme, parce qu'on pouvoit les acquerir par l'étude de la Philosophie, & qu'ainsi il ne falloit point en importuner les Dieux.

LE CHEVALIER.

Comme la Sagesse & la Vertu sont des biens preferables à tous les autres, les Philosophes qui croyoient pouvoir l'acquerir par leurs propres forces, se mettoient aux dessus des Dieux, qu'ils croyoient ne pouvoir disposer que des honneurs, des plaisirs & des richesses.

L'ABBE'.

Je ne puis le pardonner à Horace, qui dit quelque part dans ses Satyres.

Det vitam, det opes, æquum mi animum ipse parabo.

Que Jupiter me conserve la vie & me donne des richesses; pour ce qui est d'un esprit sage, je sçauray bien me le donner moy-mesme.

LE CHEVALIER.

Je commence à estre persuadé que Socrate avoit tort, quand il croyoit voir plus clair dans la Science des mœurs, que dans celle des choses naturelles, quoique les anciens Philosophes me paroissent avoir été fort ignorans en Physique.

LE PRESIDENT.

Si vous entendez parler de certains anciens Philosophes, dont Plutarque raporte les opinions, j'avoüe qu'ils ont efté fort mauvais Phyficiens, & je vous les abandonne entierement ; mais fi vous entendez parler de Democrite, de Platon, d'Ariftote & d'Epicure, ou de quelques autres Philofophes à peu prés de la mefme force, je fouftiens que les Modernes ne font point plus habiles en Phyfique que l'ont été les Anciens.

L'ABBE'.

Nous allons voir ce qui en eft.

LE PRESIDENT.

Il eft conftant que la Phyfique de Defcartes, qui eft apparemment celle que vous voulez oppofer à celle des Anciens, n'eft autre chofe que la Phyfique de Democrite un peu plus étendüe. Ce font à peu prés les mefmes principes, les mefmes conclufions, & la Philofophie de tous les deux fe peut appeller également la Philofophie des Corpuscules, que l'un suppose indivisibles, & l'autre divisibles à l'infini. Il est encore certain qu'Aristote n'a quitté les principes de Democrite qu'il connoissoit parfaitement, que parce que tout plausibles qu'ils sont, ils ne menent gueres loin, & que si l'on peut s'en servir heureusement pour rendre raison de quelques effets de la Nature, on demeure court sur tous les autres. On dit mesme que c'est ce qui a porté Aristote à composer la Physique qu'il nous a laissée, laquelle rend raison de toutes choses avec une égale & incroyable facilité. Il resulte, ce me semble, de ce que je dis, que la Physique de Descartes est bien inferieure à celle d'Aristote, puis qu'Aristote n'a pas voulu suivre celle de Democrite l'original & le modelle de celle de Descartes.

L'ABBE'.

De l'humeur qu'eſtoit Ariſtote, c'eſtoit aſſez qu'un autre Philoſophe ſe fuſt rendu celebre par une opinion pour ne la pas ſuivre, & bien des gens aſſurent qu'il n'a pris une maniere de Philoſopher oppoſée à celle de Platon ſon maiſtre, que par un pur eſprit de contradiction. Quant à ce que vous objectez que la Phyſique de Democrite & par conſequent celle de Deſcartes ne mène gueres loin; c'eſt à dire, qu'elle n'apprend pas beaucoup de choſes, j'en demeure d'accord ; mais celle d'Ariſtote n'apprend rien du tout. Car de dire par exemple que la chaleur eſt une qualité qui rend chaud le ſujet où elle eſt ; que l'humidité eſt une qualité qui le rend humide, il eſt conſtant que cela n'apprend rien qu'on ne ſçache déja. Mais puiſque vous prenez Ariſtote pour voſtre Champion, & que vous voulez que je prenne Descartes pour le mien, je consens que le combat ne se donne qu'entre ces deux Philosophes. Voyons d'abord quels sont leurs principes de part & d'autre. Aristote admet trois principes de la generation, la Matiere, la Forme, & la Privation.

LE CHEVALIER.

Voilà comme je l'ay oüy dire au College, & depuis encore à plusieurs habiles Philosophes ; mais je vous avoüe que je n'ay jamais pû comprendre comment la Privation qui n'est rien, peut estre le principe de quelque chose?

LE PRESIDENT.

Aristote ne prétend pas que la Privation opere rien dans la generation des choses de la Nature, il veut dire seulement qu'elle est une condition necessaire à la generation, estant comme le terme d'où part la chose qui est engendrée, c'est à dire, qu'il faut qu'une chose ne soit pas ce qu'elle va devenir par une nouvelle generation ; qu'il faut par exemple qu'un arbre ne soit pas arbre, quand il commence à devenir arbre.

LE CHEVALIER.

Voilà de ces choses qui devoient demeurer éternellement dans le Grec où elles ont été conçûës, & dans le Latin, où on les a fait passer, car elles sont trop ridicules en François. Voilà une belle remarque qu'il faut qu'un arbre ne soit pas arbre, quand il commence à devenir arbre.

L'ABBE'.

Si Mr le Chevalier ne peut souffrir que la Privation soit un principe, il y a bien des gens qui n'ont pas moins de peine à laisser passer pour principe la Forme substantielle, dont ils prétendent n'avoir jamais pû se former une idée bien distincte.

LE PRESIDENT.

La Forme substantielle est ce qui constitüe chaque chose en son estre particulier ; car comme la Matiere est commune à tous les corps, il faut bien que quelque chose rende ces corps differents les uns des autres ; & les fasse estre ce qu'ils sont chacun en leur particulier, & c'est ce qu'on appelle la Forme substantielle.

L'ABBE'.

Voilà comme on parle, & ce qu'on se donne dans les Ecoles comme de bonne monnoye & ayant cours ; mais on a de la peine à se payer de cela dans le monde ; car en un mot connoissons-nous bien comment le feu par exemple se produit dans le bois ; quand on nous dit que lorsque la chaleur & la secheresse y ont esté introduites jufqu'à un certain degré ; alors elles tirent du fein de la matiere la Forme fubftantielle du feu qui y eftoit en puiffance. Je ne fçay pas, Mr le Prefident, fi cela vous paroift clair ; mais pour moy je vous avoüe que je ne fçay ce que je voy, quand j'entens Philofopher de la forte : cependant comme la difpute fur cét article pourroit nous occuper trop long-temps, je veux bien vous paffer la Forme fubftantielle pour un principe, pourvû que vous m'avoüyez auffi que la Phyfique qui en ufe ainfi, eft pluftoft une efpece de Metaphyfique qu'une veritable Phyfique ; car elle n'entre point dans la Mechanique de la conftruction & du mouvement des corps ; mais fe contente d'en parler fur des idées abftraites qu'elle s'en forme.

LE PRESIDENT.

C'eft de quoy on ne peut trop

loüer Aristote qui ayant connu qu'on ne pouvoit entrer méchaniquement dans les operations ineffables de la Nature, a pris le parti de les considerer d'une maniere abstraite & eslevée en quelque sorte au dessus des sens, mais telle cependant que par elle il rend raison de toutes choses d'une maniere claire, certaine & invincible, ce procedé est assurément tres sage. Quand l'Ecriture dit, que Dieu a livré le monde à la dispute des hommes, en sorte qu'ils ne comprendroient point l'ouvrage que le Seigneur a fait dés le commencement. * *Mundum tradidit disputationi eorum, ut non inveniat homo opus quod operatus est Deus ab initio.* Elle a declaré par là que ceux qui voudront Philosopher comme Descartes, & connoistre la maniere dont Dieu a operé toutes choses, ne parviendront jamais à en avoir la veritable connoissance.

* Eccles. cap. 3. v. 11.

L'ABBE'.

Voulez-vous bien me permettre de vous dire ce que je pense là-dessus ?

LE PRESIDENT.

Trés volontiers.

L'ABBE'.

Je trouve que les ouvrages de la Nature, ou pour mieux dire les ouvrages de Dieu peuvent se considerer comme ayant deux extrêmitez, l'une par où elles semblent toucher encore à Dieu, & l'autre par où elles nous touchent. La premiere est leur essence ; la seconde, leurs qualitez, autant que ces qualitez, c'est-à-dire leur figure, leur quantité, leur dimension, leur poids, leur mouvement sont choses parfaitement connües, & dont les Mathematiques nous donnent des demonstrations trés-évidentes, autant leur essence nous est peu connüe, & échappe aux yeux de la Physique la plus éclairée. Dans cette supposition, je ne sçaurois trop loüer un Philosophe qui examine les qualitez & les proprietez des choses naturelles, qui observe autant qu'il le peut la maniere méchanique dont elles produisent leurs effets, & qui montant de degrez en degrez, avance dans leur connoissance autant qu'il le peut par la force de son genie; mais qui venant enfin à se perdre dans cette recherche à cause des grandes tenebres, ou plustost des grandes lumieres dont leur origine est environnée, adore la Puissance, la Sagesse, & la Bonté de celuy qui les a faites: & je ne puis en mesme temps trop blasmer l'orgueïl temeraire d'un Philosophe, qui veut commencer par connoistre les choses les plus simples dans leur essence.

LE CHEVALIER.

J'ay toûjours été indigné ou pluſtoſt j'ay toûjours ri de voir Deſcartes, qui entreprend de créer le Monde, & qui même ne s'en fait pas une affaire, car il ne demande qu'une ſeule choſe pour en venir à bout : une Matiere couppée en petits carrez qu'on faſſe mouvoir en rond ; ne ſongeant pas qu'il n'admet point de vuide dans la Nature, ſans lequel il eſt impoſſible que des Carrez qui ſe touchent par toutes leurs faces ſe meuvent en rond. Il prétend que les angles de ces Carrez venant à ſe froiſſer, il s'en fait une pouſſiere qui à force d'être broyée, forme une matiere ſubtile, matiere d'une ſi grande vertu, qu'en la meſlant avec l'autre matiere, il en forme le Ciel, les Aſtres, le Feu, l'Air, l'Eau, la Terre, & tout ce qu'ils contiennent.

L'ABBE'.

Jamais Descartes n'a crû que le Monde se soit fait de la sorte.

LE CHEVALIER.

Je le veux croire, mais je suis seur que plusieurs de ses Disciples sont persuadez qu'il a rencontré juste sur cét article.

L'ABBE'.

Tant de gens & de toutes sortes de caractéres d'esprit font profession de sa doctrine, qu'il s'en peut trouver parmy eux qui ayent pris au pied de la Lettre un Systéme qu'il ne donne point comme vrai, mais comme le meilleur moien qu'il ait pû imaginer, pour rendre raison de toutes choses. Que si dans ce Systéme il explique mieux la maniere d'operer de la Nature que par un autre, voilà tout ce qu'on peut demander d'un

Philosophe, qui seroit un fou, s'il pretendoit avoir trouvé de quelle maniere Dieu a créé le monde. Je n'ay donc garde d'accuser Mr Descartes d'avoir eu une telle pensée, de quoy je le blasme un peu, c'est d'avoir voulu nous expliquer dans le détail l'essence & la constitution des corps simples, parce que je ne croy pas que l'esprit humain soit capable d'une semblable connoissance.

LE CHEVALIER.

D'où vient que vous bornez ainsi l'esprit de l'homme.

L'ABBE'.

Je suis persuadé qu'il n'y a que deux choses que l'homme puisse faire, qui sont d'assembler & de separer. Bastir une maison, c'est mettre des pierres les unes sur les autres : l'abbatre, c'est separer les pierres qu'on avoit assemblées, faire un tableau, c'est mettre des couleurs ensemble sur une toile, faire une figure de marbre, c'est separer quelques morceaux de marbre du bloc dont on l'a fait. Il en est de mesme des operations de l'Esprit, qui à la reserve de celle qui forme les idées simples, se reduisent toutes à assembler ou à separer ; on assemble des idées pour en faire des propositions, on assemble des propositions pour en faire des raisonnemens, & on assemble des raisonnemens, pour en composer des discours avec ordre & methode. Definir ou connoistre bien quelque estre que ce soit ce n'est autre chose que de le diviser en son genre & en sa difference, si l'on agit en Metaphysicien, ou en ses parties Physiques, si l'on agit en Physicien. Par exemple, definir l'homme Metaphysiquement, c'est dire, qu'il est animal raisonnable, & le definir Physiquement, c'est dire, qu'il est composé d'un corps organifé & d'une ame qui a de la raifon. Si l'on veut connoiftre enfuite ce que c'eft qu'un animal, il faut le refoudre de mefme en fon genre qui eft d'eftre vivant, & en fa différence qui eft d'eftre fenfible ou fenfitif. L'on procede de la forte jufqu'au fouverain genre qui eft l'Eftre, lequel ne pouvant plus fe divifer en genre & en différence, ne peut plus auffi eftre défini, ni bien connu, par confequent. On peut dire que comme il ne nous eft pas poffible de produire un eftre fimple; il ne nous eft pas poffible auffi de le bien connoiftre; & que la puiffance de le bien connoiftre n'eft pas moins refervée à Dieu feul que celle de le produire. Cela n'empefche pas que Dieu ne fe plaife à voir les efforts que nous faifons pour les comprendre, de mefme qu'un bon pere qui ayant inventé une machine, dont l'artifice eft beaucoup au deffus de la portée de fes enfans, fe plaift neantmoins à les entendre raisonner à leur maniere quoi que seur qu'ils ne pourront jamais en deviner les ressorts veritables.

LE PRESIDENT.

Vous venez de dire que l'operation par laquelle on se forme des idées simples, n'assemble ny ne separe rien. Or est-il que l'on connoist les choses par les idées. Il n'est donc pas vray que pour connoistre quelque chose il faille assembler ou diviser.

L'ABBE'.

Pour bien connoistre une chose ce n'est pas assez que d'en avoir une idée, il faut pouvoir definir cette chose. Or on ne peut la definir qu'en la separant en son genre & en sa difference, il est donc vray qu'on ne peut bien connoistre sans diviser.

LE PRESIDENT.

LE PRESIDENT.

Pourquoy voulez-vous qu'on ne puisse connoistre l'essence des estres extrêmement simples? Est-ce qu'on ne definit pas tous les jours les quatre Elemens qui sont les corps les plus simples de la Nature?

L'ABBE'.

Non, on les décrit, & on en remarque quelques proprietez, mais on ne les definit pas. On dit par exemple que l'Eau est une substance froide & humide; froide & humide ne sont que des proprietez de l'eau, & non point sa difference essentielle qui nous est inconnüe.

LE CHEVALIER.

Je n'aime point ces petites anguilles dont Mr Descartes veut que l'eau soit composée.

Tome IV.   H

L'ABBE'.

Je ne les aime pas auſſi ; car ſi Deſcartes donne aux petits corpuſcules de l'Eau, la forme d'anguilles pour la rendre fluide & tres-facilement mobile ; il me ſemble qu'il trouveroit mieux ſon compte à faire ces petits corpuſcules extrêmement ronds, puiſque la figure ronde eſt de toutes la plus propre au mouvement, ainſi qu'on le voit dans les ſables des deſerts de l'Affrique, qui eſtant ronds ou du moins approchans de la figure ronde, & fort deliez, ſont remüez par le vent de meſme que l'eau de la Mer, & forment des vagues toutes ſemblables. Les horloges que les Anciens faiſoient avec de l'eau & qu'ils nommoient Clepſydres ſe font aujourd'huy avec du ſable à qui l'extréme petiteſſe de ſes grains donne une fluidité preſque égale à celle de l'eau.

LE CHEVALIER.

Peut-eſtre donne-t-on la figure d'Anguille aux corpuſcules de l'eau pour luy donner cette continuité uniforme qui la rend ſi lice, & ſi unie, qu'elle ne pourroit avoir ſi ſes corpuſcules eſtoient de figure ronde.

L'ABBE'.

Comme on ne voit point la figure d'Anguille aux corpuſcules de l'eau à cauſe de leur extrême petiteſſe; on ne verroit point auſſi leur figure ronde par la meſme raiſon. J'ajouſteray que ſi ces Anguilles étoient couppées en trois ou quatre morceaux l'eau en ſeroit encore plus fluide; puiſque rien ne ſçauroit contribuer davantage à ſa fluidité que la petiteſſe des corpuſcules dont elle s'eſt compoſée, & comme ces Anguilles ſont neceſſairement trois ou quatre fois plus longues qu'elles ne ſont larges, (autrement elles n'auroient pas la figure d'Anguilles) elles pouroient aisément estre couppées en trois ou quatre.

LE CHEVALIER.

Il me semble qu'en parlant comme vous faites des opinions de Descartes, vous n'allez gueres à vos fins, & que vous plaidez mal la cause des Modernes.

L'ABBE'.

Tout ce que je viens de dire n'empêche point que Descartes ne soit un tres excellent homme, & que sa maniere de Philosopher en Physique, ne soit infiniment preferable à celle d'Aristote ; car il est constant qu'on n'est point veritablement Physicien, si l'on n'explique méchaniquement la maniere dont la Nature opere, que si Descartes n'a pas connu ou expliqué heureusement toutes ses manieres d'operer ; il nous a mis, ainsi qu'ont fait Galilée, le Chancelier Bacon, & quelques autres, sur les voyes de les connoistre davantage avec le temps, de sorte qu'on luy sera en quelque façon redevable, ainsi qu'à ceux que je viens de nommer, de toutes les découvertes qui se feront à l'avenir. Estoit-on bien instruit comment se fait la digestion lorsqu'on sçavoit seulement qu'elle se faisoit par le moyen de la chaleur naturelle qui cuisoit & digeroit les alimens, l'idée qu'on se faisoit là-dessus de la digestion estoit-elle comparable à celle qu'on s'en fait aujourd'huy par la connoissance des dissolvans qui par la force de leur figure & de leur mouvement couppent & separent les alimens d'une maniere toute mechanique. Il ne faut que lire ce que Borelli a escrit là-dessus, & un traitté de Physique, intitulé Mechanique des Animaux, pour voir combien la maniere d'expliquer mechaniquement non seulement la digestion, mais la nutrition & l'accroissement du corps de l'animal est plus satisfaisante que celle de la Philosophie ancienne qui se contente de dire que cela se fait par des qualitez digestives & nutritives.

LE CHEVALIER.

N'avez-vous point regret Mr le President à l'horreur du Vuide qui faisoit faire autrefois à la Nature tant de choses admirables. Quand on renversoit une phiole pleine d'eau & qu'il n'en tomboit pas une goutte, quel plaisir n'avoit-on pas d'assurer que la Nature ne se faisoit cette violence que par la seule horreur qu'elle avoit du Vuide, & de voir regner ainsi les passions jusques dans les choses inanimées ? Je croy que vous vous mocquez bien de la colonne d'air qu'on a mise en la place de cette horreur du Vuide.

L'ABBE'.

Il est cependant bien vray que tous ces effets admirables qu'on attribuoit à la crainte du Vuide ne sont causez que par la pesanteur de l'air : nous en avons tous vû des experiences qui ne nous permettent pas d'en douter.

LE PRESIDENT.

Vous avez parlé des Principes de Physique qu'on attribue à Aristote ; mais vous n'avez point parlé de ceux de Descartes.

L'ABBE'.

Descartes pose pour fondement de sa Physique qu'il n'y a que de deux sortes d'Estres, sçavoir des substances qui pensent, & des substances qui ont de l'estendüe (car il n'admet les accidens, que comme de simples modifications de la substance étendüe. Sous l'idée de substance qui pense, il comprend tout ce qui est esprit, Dieu, les Anges & les Ames des hommes, & sous l'idée de substance étendue, tout ce qui est corps, le Ciel, la Terre, & tout ce qu'ils renferment. Il dit que de cette substance étenduë il s'est formé trois élemens, dont le premier est une matiere extremement subtile, tres-fluide, & agitée d'un mouvement tres-prompt, laquelle n'a point de figure particuliere, mais qui prend aisement la figure des autres corps avec lesquels elle se mesle; & il ajouste que c'est de cette matiere subtile que le Soleil, les Estoiles, le Feu, & tous les Corps lumineux sont composez. Le second élement, selon luy, est un amas de petits corpuscules ronds, qui forment le Ciel, tous les Corps transparents, & ce qu'on appelle la substance etherée. Et le troisiéme élement n'est autre chose que la matiere la plus grossiere dont les corpuscules estant de differentes figures & ayant de tous coſtez comme des rameaux par où ils ſe joignent enſemble, forment les Planettes, la Terre, l'Eau, l'Air, & tous les mixtes, & particulierement ceux qui ſont opaques. Voicy comment il dit que ces élemens ſe ſont faits de cette meſme ſubſtance étenduë homogene & uniforme. Il ſuppoſe que cette ſubſtance a eſté diviſée d'abord en pluſieurs parties, ſans qu'il y euſt aucun vuide entre elles, qu'enſuite ces parties ont eſté agitées par un mouvement fort violent, la pluſpart autour d'un centre commun à chaque tourbillon, (car il partage le monde en pluſieurs tourbillons) & toutes ſur leur centre particulier. Il ajouſte que ce mouvement a rendu les parties rondes de carrées; ou de cubiques qu'elles eſtoient, parce qu'en ſe frottant elles ont perdu toutes leurs carnes & tous leurs angles. Il dit, que c'eſt de ces parties ainſi arrondies,

H v

que s'est fait le second élement, & que de leurs rognures, ou pluftoft de la pouffiere qui s'en est détachée, s'est fait le premier élement qui remplit les efpaces qui fe trouvent entre les petits globes du fecond élement, qui eftant ronds ne peuvent pas fe joindre de tous coftez. Il dit enfin que le troifiéme élement s'eft fait des parties cannelées du fecond élement, qui fe trouvant engagées dans les intervalles des petits Globes y ont perdu la plus grande partie de leur mouvement.

LE PRESIDENT.

Tout cela n'eft autre chofe que l'opinion de Democrite un peu déguifée.

L'ABBE'.

Voilà ce que vous m'avez dit, quand nous avons commencé à parler de Phyfique, & je fuis bien aife que vous ayez renouvellé cetre objection, afin de ne la pas laisser sans réponse. Il est vray que les Principes de Descartes & ceux de Democrite, & mesme ceux d'Epicure, si vous voulez, ont cela de commun, qu'ils sont les uns & les autres purement mechaniques, & que selon ces Grands Hommes, toute la difference qui se trouve entre les Estres corporels vient de la difference de la figure, & du mouvement des corpuscules dont ils sont composez, ensorte que leur maniere de philosopher s'appelle également la Philosophie des corpuscules; mais ils different en bien des choses. Premierement les corpuscules de Democrite sont indivisibles, & c'est pour cela qu'il les appelle Atomes; & ceux de Descartes sont divisibles, & divisibles en quelque sorte à l'infini. En second lieu les corpuscules de Democrite sont tellement solides, que rien ne peut les rompre ; ceux de Descartes se broyent facilement, & se reduisent en une poussiere, non seulement imperceptible, mais incomprehensible. En troisiéme lieu, Democrite admet du vuide meslé parmi ses corpuscules, Descartes n'en admet point du tout. Enfin Democrite pretend que le hazard seul a formé toutes choses par la rencontre fortuite des corpuscules de la matiere ; & Descartes reconnoist que c'est Dieu qui aprés avoir creé la matiere également indifferente au mouvement & au repos, l'a fait se diviser de telle sorte par l'impulsion du mouvement qu'il luy a donnée, que du different assemblage des parties de cette matiere, le Monde & tous les Estres qu'il renferme se sont formez. Vous voyez par là qu'il s'en faut beaucoup que les Principes de Descartes soient les mesmes que ceux de Democrite, & vous voyez en mesme temps que la Physique de Descartes qui attribuë la difference des Estres à la diversité des figures & des mouvemens des corpuscules dont ils sont composez, est bien plus intelligible & plus palpable, si cela se peut dire, que la Physique d'Aristote, qui attribuë la difference de toutes les substances à la diversité de leurs forces substantielles ; car tout le monde connoist distinctement ce que c'est que la figure & le mouvement d'un corps, & il n'y a personne qui sçache au vray ce que c'est qu'une forme substantielle.

LE CHEVALIER.

Je croy qu'il faut demeurer d'accord de tout ce que vous venez de nous dire, je gagerois cependant que vous n'estes pas content de toutes les opinions que Descartes a tenües.

L'ABBE'.

Non assurément, & je suis persuadé que Descartes n'en estoit pas content luy-mesme ; il avoit trop de sagesse pour croire voir bien clair dans tous les ouvrages de la Nature.

LE CHEVALIER.

Puisque cela est ainsi : dites nous s'il vous plaist ce que vous pensez de ses Automates, je veux dire de l'opinion où il estoit que les Bestes n'avoient point de connoissance & n'estoient autre chose que des machines.

L'ABBE'.

Je dis premierement que Descartes n'est point le premier Auteur de cette opinion, & qu'elle nous vient d'Espagne, j'ajousteray que je la trouve tres agreable, & tres ingenieuse; mais trop paradoxe, & de trop dure digestion.

LE CHEVALIER.

Je la trouve capable de revolter tout le genre humain sur tout ceux qui aiment les chiens, car ils ne peuvent souffrir qu'on regarde les marques d'amitié qu'ils reçoivent de ces pauvres animaux, comme le mouvement méchanique d'une machine & d'un corps sans connoissance.

LE PRESIDENT.

Ils souffrent encore bien davantage, quand on soustient que ces animaux ne sentent point les coups de baston, que l'on leur donne, quoy qu'ils crient de toute leur force.

LE CHEVALIER.

Sçavez-vous le dialogue qu'eurent sur ce sujet il n'y a pas long-temps une Dame de qualité, & un Disciple de Descartes.

LE PRESIDENT.

Non.

LE CHEVALIER.

Ce Dialogue eſt curieux. Des Charpentiers ſcioient à la Campagne une poutre aſſez prés de l'appartement d'une Dame de qualité ; un gros chien vint à faire des cris épouvantables, parce qu'on luy avoit donné quelques coups de baſton à la Cuiſine. La Dame qui aimoit fort ce chien, & tous les chiens en general, touchée de compaſſion pour cette beſte, & animée de colere contre ſes valets qui l'avoient batu, crioit contre eux de toute ſa force, & vouloit les chaſſer, lors qu'un celebre Carteſien entra dans ſa chambre, & la voyant ainſi émüe: D'où vient, Madame, luy dit-il, que vous eſtes ſi touchée des cris de ce chien à qui on a donné quelques coups de baſton, & que vous ne témoignez aucune pitié pour cette pauvre poutre qu'on scie en deux par le milieu du corps, & qui ne cesse de se plaindre à sa maniere ? la Dame qui n'avoit jamais oüy dire que les animaux n'étoient que de pures machines, luy demanda ce qu'il vouloit dire. C'est, Madame luy répondit il, que ce chien qu'on a battu, n'a pas plus souffert de mal qu'en souffre cette piece de bois qu'on scie en deux. Quel conte, luy dit-elle ? Rien n'est plus vray, Madame, reprit-il. Allez vous promener, repliqua la Dame fort en colere, & passant dans son cabinet, ne voulut pas l'écouter davantage.

L'ABBE'.

Je ne m'étonne pas trop du procedé brusque de cette Dame; car il faut être de bonne humeur, pour gouster l'opinion des Automates.

LE PRESIDENT.

Quelle raison Descartes a-t-il pû avoir pour embrasser une opinion aussi paradoxe que celle-là? car je vous avoüe que je n'ay pû me resoudre à lire les ouvrages d'un nouveau venu, qui veut corriger & ses Maistres & les nostres.

L'ABBE'.

Ce n'est pas un grand reproche à un homme d'avoir sçû corriger ses maistres ; mais laissons cela, & puisque vous voulez sçavoir les raisons de la doctrine des Automates, je vais vous les dire succinctement. Ces raisons se reduisent à deux chefs : l'un que les Animaux ne faisant rien qu'ils ne puissent faire en qualité de pures machines, on ne doit point leur accorder une ame dont ils n'ont que faire ; Dieu & la Nature ne faisant rien en vain ; & l'autre qu'il en resulteroit de grandes abſurditez & des inconveniens effroyables.

LE PRESIDENT.

Je nie formellement que les Animaux puiſſent faire ce qu'ils font ſans avoir du ſentiment & de la connoiſſance ; j'ay chez moy un petit chien....

L'ABBE'.

Ne nous mettons point à dire les preuves que nous avons chacun par devers nous de la connoiſſance des Animaux, cela ne finiroit jamais. D'ailleurs nous ne ſçaurions rien dire qui ſoit plus étonnant que ce que nous avons lû tous. Par exemple de cet Elephant qui alloit éprouver à la riviere le vaiſſeau de cuivre que l'Ouvrier avoit fait ſemblant de raccommoder, cet Animal craignant que l'Ouvrier ne ſe mocquaſt de luy; & de ce chien qui jettoit des pierres dans une cruche d'huile, afin de la faire monter assez haut pour y pouvoir atteindre.

LE CHEVALIER.

Avec vôtre permission, je dirai ce que je vis il n'y a que trois jours. Une Pie étoit dans une cour où l'on avoit laissé quelque monnoye sur une table, elle prit un double avec son bec, & l'alla porter sur le toit d'une Ecurie à l'autre bout de la cour; je luy vis lever une tuile avec sa patte, & fourrer avec son bec le double sous la tuile le plus avant qu'elle put. Aprés quoy elle se recula pour voir si son double étoit bien caché, & remarquant qu'on le voyoit encore, elle alla prendre de la mousse sur de vieilles tuiles, qu'elle fourra tout autour avec son bec. Ensuitte elle fit encore la ronde, & ayant vû que le double ne paroissoit plus, elle se remit dans sa cage comme si de rien n'eust esté.

LE PRESIDENT.

Puis qu'il a fallu écouter l'histoire de la Pie de Mr le Chevalier, vous écouterez ce que dit un celebre Cartesien sur ce sujet, en voyant un petit chat qui se joüoit avec une boulle de papier qu'on luy avoit jettée ; ce Chat faisoit des sauts si plaisans & des postures si ridicules & en mesme-temps si convenables au sujet, que le Cartesien ne put s'empêcher de dire : voilà un petit Animal qui plaide bien sa cause.

L'ABBE'.

Ce mot est d'un honneste Cartesien ; cependant ils soustiennent tous que les animaux ne font rien qu'une machine ne puisse faire à cause des grands inconveniens qu'il y auroit à leur donner de la connoissance.

LE PRESIDENT.

Quels font donc ces inconveniens?

L'ABBE'

Si les bestes, disent-ils, avoient de la connoissance, il s'ensuivroit qu'elles auroient une ame.

LE PRESIDENT.

Aussi en ont-elles une.

L'ABBE'.

Si elles avoient une ame, ajoustent ils, cette ame seroit spirituelle, & par consequent immortelle.

LE PRESIDENT.

Ils vont trop viste : où ont ils vû qu'il faille que toute ame soit necessairement spirituelle ? Tous les Philosophes du monde, hors les Cartesiens, soustiennent que l'ame des bestes est corporelle, &

tous ces Philosophes vous diront, & le diront sincerement qu'ils ont une idée tres claire & tres distincte de ce qu'ils avancent. Or selon le principe de Mr. Descartes, on peut croire qu'une chose est existante ou possible quand on en a une idée bien claire & bien distincte.

L'ABBE'.

Les Cartesiens soustiendront que ces Philosophes n'ont point une idée bien claire & bien distincte de ce qu'ils disent.

LE PRESIDENT.

Ils le soustiendront tant qu'il leur plaira, mais un homme est meilleur juge de son idée que ne l'est un étranger, particulierement pour sçavoir si elle est claire & distincte, ou si elle ne l'est pas. Cependant cette maniere de connoistre la verité est si peu seure & si mal inventée (n'en déplaise à Mr Descartes) que je ne veux pas m'en servir contre luy ny contre ses disciples.

LE CHEVALIER.

Si ce principe étoit seur, on ne se tromperoit jamais, puisque se tromper n'est autre chose que d'avoir une idée distincte d'une chose qui n'est pas vraye.

LE PRESIDENT.

Cela est certain : car tant que l'idée n'est pas distincte on est dans le doute ; & on ne se trompe veritablement, que quand l'idée d'une chose qui est fausse ne laisse pas de paroistre claire & distincte.

L'ABBE'.

Il est étonnant que Mr. Descartes se soit servi de ce principe pour prouver l'existence de Dieu. Si j'étois assez malheureux d'en douter, & pour vouloir en faire douter les autres, je m'y prendrois comme il a fait ; car rien n'est plus propre

propre à faire douter d'une chose, que de la prouver par de mauvaises raisons.

LE CHEVALIER.

J'étois dernierement en un lieu où un homme d'esprit blâmoit fort cette preuve de la Divinité. Pourquoy Mr. Descartes disoit il, aprés avoir si bien commencé ses Meditations Metaphysiques par ce principe admirable : *je pense, donc je suis*, ne continuoit-il ainsi : *je suis*, Donc il y a un Dieu, donc il y a un estre infiniment parfait, infiniment juste, infiniment sage, & infiniment puissant, auteur & createur de toutes choses, donc il y a un estre qui merite d'estre adoré & aimé souverainement. Il tira encore plusieurs consequences toutes d'une évidence aussi claire que celles que je viens de vous dire. Je vous avoüe que cela me fit plaisir à entendre, & que je ne puis concevoir comment Descartes, aprés avoir dit : *Je pense, donc je suis*, proposition la plus belle, la plus évidente & la plus convaincante qu'il y aura jamais, s'est avisé de continuer en disant : je pense qu'il y a un Dieu, & par ce que cette pensée ou idée me paroist tres claire & tres distincte, donc il y a un Dieu.

LE PRESIDENT.

Bien des gens cependant trouvent ce raisonnement là admirable & le plus convaincant que l'on ait jamais fait.

L'ABBE'.

Cela montre qu'en fait de raisonnemens, comme en toute autre chose les goûts sont differens, & qu'il n'y en a presque point qui ne soit bon pour persuader quelqu'un.

LE CHEVALIER.

Je voudrois qu'il y eût icy quelque vigoureux Cartesien, pour voir avec quelle impetuosité il vous repousseroit sur cét article, ou pluſtoſt avec quelle moderation il témoigneroit la pitié qu'il a de voſtre peu de lumiere.

L'ABBE'.

Je n'y trouverois rien à redire, car peut-eſtre ay-je tort, & il pourroit me dire de ſi bonnes raiſons, que je me rangerois à ſon avis.

LE CHEVALIER.

Je n'aurois pas aſſurément la meſme docilité, & s'il avoit pitié de moy, j'aurois pitié de luy.

L'ABBE'.

La verité eſt, ſelon moy, que le raiſonnement de Deſcartes pour prouver l'exiſtence de Dieu, n'eſt pas ſon bel endroit, non plus que celuy où il dit qu'il faut pour bien Philoſopher commencer par douter de toutes choses, & par regarder comme fausses toutes celles dont l'on peut douter.

LE CHEVALIER.

Cela est gaillard & n'est pas d'un homme qui tastonne.

LE PRESIDENT.

Voila assurement un conseil bien hardi, & bien dangereux. Quelle demarche pour un Philosophe ! Voilà ce qu'on appelle prendre de nouvelles routes, & se mettre au dessus de tout.

LE CHEVALIER.

Un de mes amis appelloit cet endroit, le saut perilleux de Descartes.

L'ABBE'.

Cét ami n'appelloit pas mal les choses par leur nom. J'ay chez moy un * Ecrit sur cét article que je vous feray voir quand nous se-

* Cet Ecrit est à la fin de ce Dialogue.

rons à Paris. Il est d'un de mes amis qui n'entend point raillerie, & qui pousse Descartes là-dessus d'une maniere assez vigoureuse.

LE CHEVALIER.

Revenons s'il vous plait à nos animaux, & dites-nous Mr l'Abbé, si vous étes de l'avis de Mr Descartes.

L'ABBE'.

Il s'en faut beaucoup, puisque non seulement je leur accorde de la connoissance, mais de la raison mesme.

LE PRESIDENT.

C'est leur faire un peu trop d'honneur.

LE CHEVALIER.

Assurement. Si cela étoit, il n'y auroit plus de différence essentielle entre l'homme & la beste, & leur ame seroit spirituelle comme la noftre, & par confequent immortelle, ce qu'on ne peut pas dire.

L'ABBE'.

J'ay donc à vous prouver deux chofes. La premiere, que fi les Beftes ont de la connoiffance, comme Mr le Prefident, & prefque tout le monde en convient, il faut neceffairement qu'elles ayent auffi de la raifon, & la feconde, que cette raifon que je leur donne, qui n'a nulle proportion avec la noftre, & qui eft d'une efpece toute differente, n'oblige point à reconnoiftre que leur ame foit fpirituelle comme celle des hommes, ny immortelle par confequent.

LE CHEVALIER.

Il faut vous écouter là-deffus.

L'ABBE'.

Je commenceray par vous dire qu'il ne faut point que le mot de raison vous effarouche, puisqu'on donne le nom de jugement à la faculté qui forme des propositions, & que cette faculté s'accorde aux bestes par le plus grand nombre des Philosophes. Il ne doit pas sembler plus étrange d'entendre dire qu'une beste a de la raison, que d'entendre dire qu'elle a du jugement.

LE CHEVALIER.

Cela me semble assez égal.

L'ABBE'.

Voicy donc ce que je dis, l'opinion commune est que des trois operations necessaires pour raisonner, les animaux en ont deux : celle de se faire des idées ou des images, qu'on nomme simple apprehension & celle de former des propositions, qu'on nomme jugement, mais on nie qu'ils ayent la faculté de tirer des consequences, faculté que l'on appelle par excellence discours, raciocination ou raisonnement.

LE PRESIDENT.

Voilà l'opinion commune, & je suis persuadé qu'on ne doit, & qu'on ne peut en avoir d'autre.

L'ABBE'.

D'où vient que vous accordez aux Bestes ce qui est le plus difficile, & que vous leur refusez ce qui est le plus aisé ? car il est bien plus aisé de tirer une consequence que de former un jugement.

LE PRESIDENT.

Je le nie, & vous voyez mesme qu'il faut avoir fait deux propositions qui ne sont autre chose que deux jugemens, avant que de pouvoir tirer une conclusion.

L'ABBE'.

Cela est vray, mais il ne s'ensuit pas que ces deux operations pour estre faites les premieres, soient plus aisées à faire que la troisiéme. Nous voyons par experience, que les conclusions sortent d'elles mesmes, & presque sans que nous nous en meslions, des deux propositions qui les produisent necessairement. L'experience nous montre encore que sans cesse on se fait de fausses idées de toutes choses ; que sans cesse on forme de faux jugemens, mais qu'il n'arrive presque jamais qu'on tire de mauvaises consequences. Cela est si vray que les fous les plus achevez ne manquent point de ce costé là. Supposons, par exemple, qu'un Fou se jette par la fenestre, ce n'est point pour avoir mal tiré sa consequence qu'il fait cette folie, mais pour avoir fait de faux jugemens. Car voicy ce qui doit s'eſtre paſſé dans ſon eſprit : il a crû que le feu étoit à la maiſon, & qu'il alloit eſtre bruſlé. Voilà un faux jugement ; il a crû que la feneſtre qu'il voyoit, eſtoit une porte qui alloit dans une cour ou dans un jardin, autre faux jugement. Delà il a conclu qu'il devoit ſe ſauver par l'ouverture qu'il voyoit. Il eſt certain que la conſequence qu'il a tirée, eſt tres bonne en elle-meſme, & que toute l'erreur de ce Fou eſt dans ſes idées, & dans les jugemens qu'il a formez.

LE CHEVALIER.

Je comprens cela, & je voy que ce Fou des Petites Maiſons, qui vouloit dernierement faire Mr l'Abbé General de ſes Armées, ne ſe trompoit que dans ſes idées & dans ſes jugemens, & non point dans la conſequence qu'il en tiroit; car ſi ce Fou avoit eu des armées, & ſi Mr l'Abbé avoit été le plus grand homme de guerre de noſtre siécle, comme ce Fou le croyoit, il auroit bien fait de les luy donner à conduire.

L'ABBE'.

S'il est donc plus aisé de bien tirer des consequences que de faire des jugemens qui soient bons & veritables, on ne doit point refuser la faculté de raisonner aux Bestes, aprés leur avoir accordé celle de concevoir & de juger. Je croy avoir satisfait aux objections de Mr le President, je vais répondre à celles de Mr le Chevalier, & faire voir si je puis, que les Bestes peuvent avoir de la connoissance, & mesme de la raison telles que je les leur donne, sans qu'il soit necessaire que leur ame soit spirituelle, ny par consequent immortelle, comme l'est celle des hommes.

LE CHEVALIER.

Dés le moment que vous donnez de la raison aux beftes, vous rendez leurs ames toutes femblables aux noftres, & la difference ne peut eftre que du plus au moins, ce qui ne fuffit pas, car vous fçavez que le plus & le moins ne changent pas l'efpece.

L'ABBE'.

Des chofes peuvent fe reffembler extrémement, & eftre neantmoins d'une efpece toute differente : rien ne fe reffemble davantage que le bon or, & le faux or, puifque tous les jours on les prend l'un pour l'autre ; cependant ce font deux chofes autant differentes l'une de l'autre qu'il y en ait au monde, le bon or eft incorruptible, inalterable, & le feu mefme quelque ardent & quelque continu qu'il foit, ne peut y apporter aucun changement ny la moindre diminution ; au lieu que le faux or se gaste, se corrompt, se mange par la roüille & par le vert de gris, & mesme le feu le consume tellement qu'il le reduit enfin presque tout en fumée.

LE CHEVALIER.

Vous pouvez ajouster que comme le faux or, est d'ordinaire plus brillant que le veritable, il se trouve aussi fort souvent des animaux qui semblent plus spirituels que de certains hommes.

L'ABBE'.

Et comme ce bon or quoique moins brillant à mille qualitez excellentes que le faux or n'a pas ; de mesme l'ame d'un homme, quelque stupide que soit cet homme, a des talens, & des avantages infiniment plus precieux que toute la vaine apparence de spiritualité qu'on admire quelquefois dans les Bestes. Il faut donc remarquer qu'il y a deux manieres de concevoir, de juger, & de raisonner; il y a une conception, un jugement, & un raisonnement qui n'ont pour objet que des choses materielles & individuelles, & ces facultez appartiennent aux ames des bestes; & il y a une conception, un jugement, & une raison qui non seulement ont pour objet les choses materielles & individuelles, mais encore les choses spirituelles & universelles, & ces qualitez ne conviennent qu'à l'ame des hommes, & ce sont ces facultez-là, qui reduites sous le nom d'Intelligence, font la difference essentielle des hommes d'avec les bestes. Pour m'expliquer souffrez que je remarque que nous concevons toutes choses par deux voyes differentes. Par la voye de l'Imagination, & par la voye de l'Entendement; que l'Imagination se forme des idées materielles & grossieres des objets de sa connoissance & que l'Entendement s'en fait des notions abstraites, & spirituelles. La premiere maniere nous est commune avec les bestes; la seconde nous est particuliere. Quand je regarde mon chien, & que mon chien me regarde, les images que nous concevons l'un de l'autre, sont également corporelles & materielles ; mais quand je me forme une notion abstraite de l'homme en general, cette notion est toute spirituelle ; c'est à dire, le pur ouvrage de mon esprit, & ne peut tomber dans l'ame d'une beste. Quand je juge qu'un homme me veut du bien ; parce qu'il me fait bonne chere chez-luy, & qu'un chien juge que je l'aime, parce que je luy donne à manger, ces deux jugemens sont de mesme nature ; mais quand je juge que tout homme est mortel, que tout homme est menteur ; quand je juge que les trois angles d'un triangle sont égaux à deux droits, & que six est à neuf, comme huit est à douze ; ce sont-là des notions de pure intelligence, & qui demandent pour être produites une ame telle que celle de l'homme. Quand je fais ce raisonnement : il faut qu'un tel soit necessairement ou à Paris, ou à Meudon, ou à Versailles ; j'ay assurance qu'il n'est, ny à Meudon, ny à Versailles, donc il est à Paris. Et quand un chien se trouvant à un chemin qui se fourche en trois, aprés en avoir fleuré deux, où il connoist en les flairant que son Maistre n'a point passé, conclut qu'il a passé par le troisiéme, & enfile ce chemin sans le flairer, ces deux raisonnemens sont semblables, & se forment l'un & l'autre sur les idées de l'Imagination, laquelle, comme je l'ay dit, nous est commune avec les bestes, & ne peut differer que du plus, & du moins de perfection. Mais quand je fais ce raisonnement : tout ce qui a du sentiment a de la vie, tous les animaux ont du sentiment, donc tous les animaux ont de la vie. Il est constant que les brutes ne peuvent atteindre là, parce que ce raisonnement est fondé sur des notions universelles, qui ne se forment point dans l'Imagination, mais dans l'Entendement. Il est si vray que les notions intellectuelles, celles par exemple que nous avons de Dieu, sont toutes differentes des idées de l'Imagination ; que les notions que nous avons de Dieu consistent particulierement à exclure de nostre esprit les idées que l'Imagination nous fournit ; car ces notions consistent à concevoir que Dieu n'a point de figure, qu'il n'a point de couleur, qu'il n'a point d'estendüe, qu'il est infini, impassible, immortel, & qu'il n'est enfin aucune des choses dont nôtre Imagination peut nous former des idées. Pour me reduire donc je dis que la difference essentielle de l'homme consifte à pouvoir se faire des notions abstraites & spirituelles de toutes choses, & sur tout de Dieu, ayant esté créé particulierement pour le connoistre & pour l'aimer. Par ce moyen j'accorde aux brutes la connoissance, & mesme la raison à un certain degré sans les confondre avec l'homme, qui est essentiellement & suffisamment distingué par le don merveilleux de l'Intelligence; ainsi j'augmente un degré Metaphysique* à l'arbre de Porphyre qu'on nous apprend dans le College; car aprés *vivant sensitif*, qui fait *animal*, au lieu de mettre *raisonnable* comme difference, pour constituer *l'homme*, je mets *connoissant* pour difference, lequel joint à *animal*, fait *raisonnable* parce que tout ce qui connoist raisonne necessairement. Ensuitte de *raisonnable* je mets d'un costé *intelligent*, qui joint à *raisonnable* fait *l'homme*,

* Cet Arbre est à la fin de ce Dialogue.

& de l'autre, *non intelligent*, qui joint à *raisonnable* fait la *brute*, persuadé que ce qui est raisonnable & qui en mesme-temps a de l'intelligence est un homme, & que ce qui est raisonnable, & n'a point d'intelligence, est une Brute.

LE CHEVALIER.

Permettez-moy, Mr. l'Abbé de vous faire une objection. Une des preuves que vous apportez de la spiritualité de l'ame des hommes, c'est qu'elle a la faculté de faire des propositions universelles. Or est il que les bestes ont cette faculté, & par consequent.

L'ABBE'.

C'est ce qu'il faut prouver.

LE CHEVALIER.

Je le prouve, par l'exemple de ce chien dont vous avez parlé, de ce chien qui de trois chemins qu'il rencontre enfile celuy où son maiſtre a paſſé. Car ſi ce chien raiſonne comme vous le ſuppoſez, il faut qu'il ait raiſonné de la ſorte. Toutes les fois (remarquez s'il vous plaiſt que c'eſt icy une propoſition univerſelle) toutes les fois que de trois chemins dans l'un deſquels il eſt ſeur qu'un homme a paſſé, on connoiſt certainement qu'il y en a deux où il n'a pas paſſé, on doit conclurre qu'il a paſſé par le troiſiéme : or eſt-il que de ces trois chemins que je rencontre dans l'un deſquels il eſt ſeur que mon maiſtre a paſſé en voilà deux, où je ſuis ſeur qu'il n'a pas paſſé, donc je dois conclure qu'il a paſſé par le troiſiéme.

L'ABBE'.

Voilà, je l'avoüe, de quelle maniere un homme pourroit raiſonner en pareille rencontre : mais il ne s'enſuit pas qu'une beſte y procede de la meſme maniere, ny quelle fasse autant de chemin pour parvenir au mesme but. Vous sçavez l'axiome qui dit que *tout ce qui est receu est receu à la maniere de ce qui le reçoit*, c'est à dire, suivant la capacité de ce qui le reçoit. L'homme qui est capable de faire des propositions universelles se sert de cette faculté dans ses raisonnemens, & la beste qui n'a pas cette faculté, s'en passe, & ne laisse pas de bien tirer ses consequences. La mesme chose se peut faire par differentes voyes les unes plus longues, & les autres plus abregées. Pendant qu'un Grammairien consulte toutes les régles de la Grammaire pour parvenir à parler correctement, mille gens parlent aussi correctement que luy, sans sçavoir qu'il y ait au monde une Grammaire. Permettez-moy de m'expliquer encore par une autre comparaison, deux hommes voyent un tableau & le trouvent tres-beau tous deux, l'un de ces hommes est un Peintre, & l'autre est fort ignorant en peinture, le Peintre vous dira qu'il est charmé de ce tableau, parce que le clair-obscur & le point de lumiere y sont bien entendus, & que tout y est degradé selon les régles de la perspective lineale & aerienne. L'ignorant vous dira qu'il le trouve beau : parce qu'il le trouve beau, ou si vous voulez parce qu'il luy frappe agreablement la vûë. L'extrême difference qu'il y a entre ces deux hommes n'empesche pas qu'ils ne soient tous deux charmez de ce tableau, & peut estre également, quoy que par des causes & des raisons toutes differentes ?

LE CHEVALIER.

On peut dire la mesme chose d'une belle harangue qui aura charmé également, & les plus grands Orateurs, & les moins versez dans l'art de l'éloquence, & pour mettre la chose plus à ma portée, je diray qu'il en est de mesme d'un excellent ragoust que je trouveray aussi bon, moy qui ne sçay point faire la cuisine que tous les meilleurs Cuisiniers du monde.

L'ABBE'.

Quoy qu'il en soit je suis seur, que quand je vous auray donné mon arbre à examiner, vous demeurerez d'accord que mon Systeme est vray ou du moins qu'il ne manque pas de vray-semblance.

LE CHEVALIER.

Je comprens fort bien vostre pensée : mais je doute que le Public s'en accommodast, si vous veniez à luy en faire part.

L'ABBE'.

Autrefois on auroit regardé comme un attentat, une semblable proposition qui va à changer quelque chose dans la doctrine des Anciens, mais on ne se formalise plus guere aujourd'huy de ces sortes de temeritez & pourvû qu'une opinion ne blesse point la foy, le bien de l'estat & les bonnes mœurs personne ne s'y oppose ; on l'examine, & chacun la rebute, ou la reçoit selon qu'elle luy agrée, ou quelle ne luy agrée pas.

LE CHEVALIER.

On a raison, sans cette loüable liberté, on ne sortiroit jamais des vieilles erreurs qu'on se donne de main en main, avec autant d'exactitude que les plus grandes veritez.

LE PRESIDENT.

Vous en direz ce qu'il vous plaira ; mais le plus seur en toutes choses est de nous en tenir à ce que nous ont laissé nos peres qui assurement estoient plus sages que nous ne sommes.

LE CHEVALIER.

LE CHEVALIER.

Ce qui fait de la peine aux Cartesiens, c'est, comme je l'ay déja dit, qu'ils ne conçoivent pas qu'une chose corporelle puisse penser ny connoistre par consequent.

L'ABBE'.

Si vous n'aviez jamais vû de miroirs, ny aucun de tous les autres corps dont la surface unie ou polie renvoye l'image des objets, & qu'on vous assurast qu'il y a des païs au monde ou des corps qui n'ont qu'une ligne ou deux d'épaisseur representent tout ce qu'on met devant eux, mais si naïvement qu'il n'y a point de Peintre qui le puisse si bien faire ; que si un homme s'en approche, il y voit comme un autre luy-même qui s'approche aussi, en un mot qui fait toutes les mesmes actions que luy, & dans le mesme temps. N'auriez-vous pas de la peine

Mr le Chevalier, à concevoir une chose aussi estonnante que celle-là; cependant parce que vous auriez de la peine à la concevoir, & que mesme vous ne la concevriez pas, seriez-vous bien fondé à soustenir qu'elle n'est pas possible?

LE CHEVALIER.

Cette comparaison n'est pas mauvaise : mais enfin ce n'est qu'une comparaison.

L'ABBE'.

Qu'importe pourvû qu'elle prouve bien, comme elle le fait asseurement, qu'une chose ne laisse pas d'estre possible, quoy qu'on ne la conçoive pas. Je vais pour vous contenter, donner à cette comparaison la forme d'un raisonnement. Si la seule disposition des parties de certains corps, leur donne la faculté de representer toute sorte d'objets, pendant que tous les autres corps sont privez d'une faculté si admirable, il ne doit pas y avoir de l'inconvenient que la seule disposition des parties de certains corps leur donne la faculté de sentir & de connoistre, pendant que tous les autres corps sont privez d'un si grand avantage? Vous me direz qu'il y a bien de la difference entre la faculté de representer des objets, & celle de les connoistre, & moy je répondray qu'il y a aussi bien de la difference entre ce qui rend un corps capable de representer des objets, & ce qui le rend capable de connoistre les mesmes objets; & que si le simple poliment qu'on donne à une glace brutte de miroir, en la frottant, luy communique le pouvoir de former les images de toutes choses, on ne doit pas s'estonner que l'ame d'un animal, quoyque corporelle, soit capable de sentiment & de connoissance, si l'on considere l'admirable construction de toutes les parties du corps de ce mesme animal, la maniere ineffable dont ses sens sont organisez, la vitesse des esprits vitaux & animaux qui le remüent; & enfin la subtilité de cette ame plus grande encore que celle de tous les esprits qui luy servent dans ses operations,

LE CHEVALIER.

Encore une fois Descartes dit qu'il ne peut pas se faire l'idée d'une substance corporelle qui pense & qui connoisse.

L'ABBE'.

Combien de choses sont elles veritables que Mr Descartes n'a pû comprendre, ny quelque autre homme que ce soit? La capacité de l'esprit humain n'est point la mesure de la puissance de la Nature, & moins encore de celle de son Auteur. Comme je n'ay pas de peine à croire que l'ame de l'homme est spirituelle : parce que je voy que l'homme conçoit des choses spirituelles, & qu'il faut que la puissance ait de la proportion avec son objet, je n'ay pas aussi de peine à croire que l'ame des brutes n'est pas spirituelle, quand je voy que les Brutes ne conçoivent rien de spirituel ; au contraire je me sens porté à juger qu'elle est materielle & de mesme nature que tous les objets de sa connoissance, car il faut qu'une puissance, comme je viens de le dire soit proportionnée à son objet. Vous remarquerez que Descartes & ses disciples sont les seuls de leur opinion, pendant que tous les autres Philosophes sont d'un avis contraire, & que tous ces Philosophes asseurent avoir, comme je l'ay déja remarqué, une idée tres distincte de ce qu'ils pensent, & par consequent une preuve certaine, selon Descartes, que la chose qu'ils pensent est existante ou du moins possible. Quand je fais reflexion qu'autrefois on a crû que les Anges, tout Anges qu'ils font, étoient neantmoins corporels, Dieu seul estant un pur esprit, je suis étonné que des gens raisonnables ayent tant de peine à croire que des ames telles que celles qu'on donne aux bestes puissent estre corporelles.

LE CHEVALIER.

Vostre Systéme me paroist assez bien establi, & j'y donnerois les mains entierement, si vous aviez répondu à une objection qu'on fait d'ordinaire, & qui me semble tres-forte, qui est que si les bestes avoient de la connoissance & de la raison, elles seroient capables de meriter, & de démeriter, & par consequent dignes de punition & de recompense, ce qui entraine avec soy de tres-grandes absurditez.

L'ABBE'.

Quand on examinera bien la

connoissance & la raison que je donne aux bestes, on verra que cette raison & cette connoissance ne les mettent point en estat de meriter ou de demeriter. Pour estre en cét estat il ne suffit pas de connoistre l'action qu'on fait, il faut sçavoir que cette action est bonne, ou qu'elle est mauvaise, & c'est ce que les bestes ne connoissent point du tout.

LE CHEVALIER.

Est-ce qu'un Loup qui emporte un enfant dans sa gueule pour le manger, ne sçait pas (supposé qu'il ait de la connoissance & de la raison comme vous le dites) qu'il fait mal & tres-mal ? Il n'y a qu'à voir comment il fuit pour se cacher.

L'ABBE'.

Sa fuite fait voir qu'il craint, & qu'il sçait bien qu'on l'assommeroit si on pouvoit le joindre, mais elle ne fait point voir qu'il sçait qu'il fait une mauvaife action, qu'il fait une action qu'il n'a pas droit de faire (ce qu'il faudroit qu'il fçeuft pour fçavoir qu'il fait mal.

LE CHEVALIER..

Il femble cependant que la premiere chofe qu'infpire la Raifon, eft de ne point faire à autruy ce que nous ne voudrions pas qui nous fuft fait.

L'ABBE'.

Nullement. La premiere chofe qu'infpire la Raifon, c'eft de chercher ce qui eft convenable, & de fuïr ce qui eft contraire, & voilà en mefme temps la premiere loy de la Nature qui nous eft commune avec les Animaux. A l'égard du fentiment dont vous parlez, qui eft de ne point faire à autruy ce que nous ne voulons pas qui nous foit fait; il doit eftre regardé comme un fecond effet de la Raifon & comme une feconde loy de la Nature, qui n'est faite que pour les hommes; parce qu'il faut que la Raison dont ce sentiment est l'effet, soit capable de connoistre des veritez abstraites & universelles telle que l'est celle dont nous parlons, qui est de ne point faire à autruy ce que nous ne voudrions pas qui nous fust fait. Il faut, dis-je, que cette Raison soit intelligente, ou pour mieux dire, il faut que l'Estre qui raisonne ainsi ait de l'Intelligence; laquelle, comme nous l'avons dit, constituë la difference de l'homme d'avec la beste. Il n'est pas mal-aisé de comprendre que les animaux qui sont capables d'observer la premiere de ces deux loix, ne puissent observer la seconde, ny mesme en avoir connoissance; car autant que la premiere est simple, aisée, grossiere & animale, autant l'autre est-elle noble, spirituelle & difficile; puisqu'à le bien prendre, cette seconde loy de la Nature regardée dans sa pureté originelle n'est en quelque sorte autre chose que l'Evangile.* Agissez, dit l'Ecriture, envers les hommes, comme vous voudriez qu'ils agissent envers vous ; car c'est là toute la Loy & les Prophetes. Supposé donc que les bestes ne connoissent point cette seconde Loy, ce qui me semble trop évident pour le prouver davantage, il me sera aisé de faire voir qu'ils ne peuvent meriter, ny demeriter. On ne peut estre coupable qu'en contrevenant à quelque Loy ; or les animaux ne contreviennent jamais à la seule & unique loy que la nature leur a imposée ; qui est de chercher toûjours leur avantage & de fuïr toûjours ce qui leur est contraire, donc les animaux ne peuvent jamais estre coupables ni demeriter par consequent. Pour ce qui est de meriter quelque recompense, voyons ce qui en est; examinons leurs actions. Ils ne font autre chose que de courir avec grand soin aprés tout ce qui leur

* S. Matth. cap. 7. v. 12.

est utile & d'éviter de mesme tout ce qui leur peut nuire, quel gré voulez-vous qu'on leur en sçache? Si cela pouvoit meriter quelque recompense, ils ne pourroient l'exiger que d'eux-mesmes puisqu'ils n'ont travaillé que pour eux-mesmes.

LE PRESIDENT.

J'aime assez ces deux loix naturelles que vous établissez ; car ordinairement on ne parle que de la seconde qu'on nomme simplement la Loy naturelle, comme s'il n'y avoit que celle-la.

L'ABBE'.

La premiere de ces deux loix qui s'observe si exactement par tous les animaux ; ne s'observe que trop souvent par tous les hommes qui ne songent pour l'ordinaire qu'à se procurer du bien à eux-mesmes, & à éviter le mal qui les menace, sans se soucier beaucoup du prochain ; c'est cette premiere loy qui a si grand besoin d'estre corrigée & rectifiée par la seconde, qui nous oblige de ne rien faire à autruy que ce que nous voudrions qui nous fust fait. Mais pour vous donner une preuve bien évidente que cette premiere loy toute seule n'a jamais fait de coupables, c'est que les enfans ont beau égratigner & battre leurs meres & leurs nourices, & faire mesme, lorsqu'ils sont plus grands, tout le mal dont ils sont capables, ils ne sont reputez pecher veritablement que lorsqu'ils commencent à connoistre la seconde loy naturelle, qui nous commande d'en user avec les autres comme nous voulons qu'on en use avec nous.

LE CHEVALIER.

Remarquez cependant, qu'on dit alors, qu'ils commencent à avoir de la Raison, ce qui marque qu'on ne croyoit pas qu'ils en eussent auparavant.

L'ABBE'.

Si l'on parloit juſte, on diroit qu'ils commencent à avoir de l'Intelligence ; car pour de la raiſon animale, s'il m'eſt permis de parler ainſi, je veux dire de la raiſon qui n'eſt encore qu'au degré où l'ont les animaux, il eſt évident qu'ils en joüiſſent & qu'ils en font tres-bien toutes les fonctions avant que de raiſonnner en la maniere que les hommes raiſonnent, & qui leur eſt particuliere.

LE CHEVALIER.

Je ſuis aſſez content, mais s'il eſt vray que les beſtes ſoient ſenſibles au plaiſir & à la douleur, comme il faut qu'elles le ſoient, ſi elles ont de la connoiſſance & meſme de la raiſon ; eſt-il juſte qu'on voye des animaux ſouffrir toute leur vie & d'autres eſtre toûjours dans le plaiſir.

L'ABBE'.

Puiſqu'ils ne peuvent meriter ny

demeriter, je ne trouve point qu'il y ait aucune justice à leur rendre & je suis en repos là-dessus.

LE CHEVALIER.

Je croy, Mr l'Abbé, que vous n'avez pas tort, mais il me semble que nous avons fait là une terrible digression.

L'ABBE'.

Que voulez-vous? la Conversation ne peut-estre agreable qu'elle ne prenne un peu l'essor, mais où en étions nous?

LE CHEVALIER.

C'est au sujet des Automates que nous nous sommes égarez, ainsi nous en étions à la Physique.

LE PRESIDENT.

On dit que le Medecin commence où le Physicien finit; suivant cette maxime il seroit de l'ordre de parler presentement de la Medecine.

L'ABBE'.

Je le veux bien.

LE CHEVALIER.

N'apprehendez-vous point Mr l'Abbé, d'en venir à cet article ? Je ne sçay pas en quelle estime la Medecine estoit du temps des Anciens, mais je sçay qu'elle est bien decriée dans le temps où nous sommes.

L'ABBE'.

Tant que les hommes ne voudront point mourir, ils trouveront que tous les Medecins sont des ignorans ; cependant comme la Medecine est celuy de tous les Arts qui s'acquiert davantage par l'experience, il est naturel de croire que les Modernes en sçavent plus que les Anciens.

LE CHEVALIER.

Cela devroit estre comme vous le dites; mais l'on n'en est pas persuadé, & de toutes les professions il n'y en a point de plus exposée à la raillerie que celle de la Medecine.

L'ABBE'.

Il est vray que la Comedie de nos jours s'en est bien divertie; elle ne s'est pas contentée de joüer les mauvais Medecins, comme elle a joüé les faux braves, & les faux sçavans. Elle a traité de ridicule la Medecine en elle mesme, ce qu'elle n'a jamais fait de la valeur & de la science, en quoy je ne croy pas que Moliere puisse jamais estre excusé.

LE PRESIDENT.

Je ne sçay pas à la verité comment Moliere l'entendoit; car s'il y a de mechans Medecins, il faut necessairement qu'il y en ait de bons ; s'il y a une fausse Medecine, il faut qu'il y en ait une veritable : mais il en a esté suffisamment puny, lorsqu'au lieu d'écouter la Medecine sur le mal dont il estoit pressé, il est mort en se mocquant d'elle. Si Moliere avoit vécu du temps de Galien ou d'Hypocrate, il n'en auroit pas usé de la sorte, & il faut s'en prendre à la difference infinie qu'il y a entre nos Medecins & ces grands Hommes de l'Antiquité.

LE CHEVALIER.

Moliere se seroit mocqué de Galien & d'Hypocrate, & d'Esculape mesme ; il n'avoit dessein que de faire rire, & comme les noms de ces anciens Medecins estoient apparemment beaucoup plus venerables de leur temps mesme que ne le sont aujourd'huy ceux de nos Medecins les plus celebres, il auroit encore pris plus de plaisir à les tourner en ridicule suivant le genie de la Satyre, qui prefere toûjours pour plaire au Peuple les noms illustres à ceux qui ne le sont pas.

LE PRESIDENT.

Vous direz tout ce qu'il vous plaira, mais Moliere ne se seroit pas joüé d'un homme à qui l'on donnoit le nom de divin.

L'ABBE'.

Pourquoy non ? Aristophane ne s'est-il pas joüé du divin Socrate ?

LE PRESIDENT.

Cela ne conclut pas : autant que le peuple hait & souffre impatiemment ceux qui comme Socrate veulent guerir les maladies de l'ame, autant aime-t'il ceux qui comme Hypocrate guerissent les maladies du corps.

LE CHEVALIER.

Le mesme Peuple qui auroit esté

bien-aife d'eftre guery, l'auroit efté encore davantage de rire aux depens de fon Medecin, c'eft fa nature, & mefme d'aimer la medifance à proportion de ce qu'elle eft injufte. Mais qu'a donc fait Hypocrate de fi merveilleux?

LE PRESIDENT.

Les Abderitains s'étant imaginez que Democrite étoit fou, parce qu'il rioit de toutes leurs actions, & qu'il parloit fans ceffe de certains petits corps dont il vouloit que tous les autres fuffent compofez, manderent Hypocrate pour le guerir de fa folie. Hypocrate connut que Democrite étoit un tres-grand homme, & declara aux Abderitains que celuy pour qui on l'avoit fait venir, étoit tres-fage, & que c'étoit eux qui étoient fous.

LE CHEVALIER.

Cette reponfe fait voir qu'Hypocrate étoit un homme de bon

sens : mais elle ne prouve point qu'il fust habile en Medecine.

LE PRESIDENT.

Ce que vous dites est vray, mais il fit en mesme temps deux choses, qui marquoient en luy une connoissance tres profonde de ce qu'il y a de plus secret dans la Nature. On luy servit du lait, & aussi-tôt qu'il en eut tasté, il dit que ce lait étoit d'une Chévre noire. Quelque temps aprés une jeune Personne luy ayant esté presentée, il la saliia en la maniere qu'on saliioit les filles, & le lendemain, il la salüa en la maniere qu'on saliioit les femmes, ayant connu par son admirable & divine science ce qui étoit arrivé à cette fille pendant la nuit.

LE CHEVALIER.

Voilà de beaux contes que l'Antiquité nous debite: Je suis surpris, Mr. le President, que vous ayez pû les rapporter sans rire. Est-ce qu'un homme peut deviner de quel poil est la Chevre dont il a mangé le laict, ny moins encore s'appercevoir si aisément du changement d'une fille en femme? Ne voyez vous pas que ce dernier conte est fait exprés pour faire peur aux jeunes filles & les retenir dans le devoir?

LE PRESIDENT.

Ces faits sont attestez par des Auteurs trop graves pour en pouvoir douter.

LE CHEVALIER.

Apprenez que ces Auteurs graves ont donné dans le paneau. J'ay lû dans un Manuscrit d'Anecdotes tres curieuses qu'Hypocrate vit en passant dans la basse cour de la maison où on le regala, une Chevre noire dont on tiroit le laict, & que cela luy servit à faire ses conjectures, & qu'à l'égard de la jeune Personne, il se rendit si familier avec elle dés le soir mesme, qu'homme n'a jamais mieux sçeu que luy ce qu'il faisoit, quand il la salüa le matin en la maniere qu'on salüoit les femmes.

L'ABBE'.

Ce que vous dites n'est pas hors d'apparence. Quoy qu'il en soit Hypocrate estoit un tres-grand personnage; on ne peut en disconvenir; c'estoit un genie du premier ordre, & un homme dont les ouvrages seront à jamais dignes d'une profonde admiration; mais il faut convenir en mesme temps que la science dont il faisoit profession, s'est bien perfectionnée en passant jusqu'à nous. Venons au fait. La Medecine consiste en trois choses, à connoître les maladies, à connoistre les remedes, & à sçavoir bien appliquer les remedes aux maladies. J'espere faire voir aisément que nos habiles Medecins doivent posseder ces trois talens en un plus haut degré que Galien ny Hypocrate ne les ont possedez.

LE PRESIDENT.

Je tiens cela tres-difficile, puisque nos Medecins n'ont d'habileté qu'autant qu'ils ont puisé dans ces premieres sources, & qu'il y a toûjours bien du déchet des copies aux originaux.

LE CHEVALIER.

Un Medecin qui ne sçait que son Galien & son Hyppocrate, est ordinairement un pauvre homme. Il est vray qu'il pourra vous dire en tres-bon Grec le mal que vous avez, mais si c'est la fiévre, il vous laissera crever sans vous saigner, ou vous fera saigner jusqu'à la défaillance ; car c'étoit la methode la plus ordinaire de ces grands Personnages.

L'ABBE'.

L'étude des écrits d'Hypocrare & de Galien est tres-utile & mesme necessaire, mais comme on a esté beaucoup plus loin qu'eux dans les derniers temps, il y a mille choses à apprendre dans la Medecine que ces grands Hommes ne sçavoient pas.

LE PRESIDENT.

Comme quoy ?

L'ABBE'.

Commençons par la connoissance des maladies. Ils ne pouvoient pas y estre fort habiles, puisqu'ils ignoroient presque entierement la conformation du corps humain.

LE CHEVALIER.

Est-ce qu'ils ne sçavoient pas l'Anatomie ?

L'ABBE'

Pagination incorrecte — date incorrecte
NF Z 43-120-12

**Saut de pagination
Texte complet**

L'ABBE'.

Non, ou fort peu.

LE CHEVALIER.

Pourquoy donc?

L'ABBE'.

C'est qu'il ne leur étoit pas permis de faire la dissection d'un corps humain, & que cette operation passoit de leur temps pour une espece de sacrilege. Cela est si vray que Galien fit un voyage exprés en Egypte, pour étudier sur les Cadavres, dont le Nil découvroit les tombeaux en se débordant. Si la dissection des corps humains avoit esté permise, il ne se seroit pas donné tant de peine ; car que peut-on voir dans un corps à demi pourry. Il y a mille choses tres-dignes d'être remarquées, qui ne se peuvent plus voir dés qu'il y a un temps considerable que le corps est privé de vie, & mesme dés qu'il n'a plus de chaleur. Cette Religion mal entenduë qu'on avoit pour les morts, duroit encore au Regne de Charles-Quint, dont on voit dans l'Histoire une consultation qu'il fit faire aux Docteurs de Salamanque, pour sçavoir si l'on pouvoit faire en conscience la dissection du corps mort d'un Chrestien dans la vüe de s'instruire en la connoissance des maladies. Vesale est le premier qui dans le milieu du siecle précedent a donné quelque connoissance un peu distincte de l'Anatomie; mais cela n'est rien en comparaison du progrés que l'on y a fait dans la suite, & particulierement dans ces derniers temps. C'est une chose presque infinie que les découvertes que nous devons à nôtre siecle. En l'année 1627. Asellius de Cremone découvrit les veines lactées. En 1628. Hervé trouva la circulation du sang. En 1661. Pecquet que nous avons tous connu, & qui étoit de l'Academie Royale des Sciences, découvrit le reservoir du chyle. Deux ans aprés Bartholin découvrit les vaisseaux lymphatiques lorsque Olaüs Rubbec faisoit la mesme découverte. Sthenon nous a donné la structure des muscles. Ruisch celle des valvules lymphatiques. Malpigi celle des visceres. Louwer celle du cœur. Virsungius celle du pancreas, & cela dans une perfection qui efface tout ce que leurs prédecesseurs en ont écrit. Je ne finirois jamais si je voulois ne rien omettre.

LE PRESIDENT.

Ces découvertes sont assûrement tres-curieuses, mais en mesme temps tres-inutiles pour la guerison des maladies.

L'ABBE'.

Il y a grande apparence

que mieux on connoît la structure du corps humain, que mieux on sçait comment se fait le sang, comment il coule dans les veines, comment se font la digestion, la nutrition, l'accroissement, & toutes les autres operations qui nous font vivre, croistre & mouvoir ; mieux on connoît les maladies où nous sommes sujets, qui ne naissent la plûpart que du desordre qui arrive dans ces operations naturelles, & plus on est en état d'y pouvoir remedier.

LE CHEVALIER.

Vous ne pouvez pas Mr. le President, disconvenir de cette verité. Si vostre Montre n'alloit pas bien, ou qu'elle n'allât plus, sans que vous en sceussiez la cause, n'aimeriez-vous pas mieux la confier pour la racommoder à un Horloger qui sçauroit parfaitement la construction des Montres,

qu'à celuy qui n'en connoiſ-
troit que les reſſorts les plus com-
muns.

L'ABBE'.

Nous connoiſſons tous les remedes que les Anciens connoiſſoient,
&....

LE PRESIDENT.

Je n'en demeure point d'accord,
il s'en eſt perdu une infinité qui
ne ſont point venus juſqu'à nous.

L'ABBE'.

Ces Remedes perdus, ou ne valloient gueres, ou ont fait place à
d'autres de meſme eſpece qui val-
lent mieux. Il eſt impoſſible qu'un
bon remede ſe perde jamais à cauſe du beſoin continuel que l'on en
a, à moins, comme je l'ay
dit, qu'il n'en vienne un meilleur,
car alors il leur arrive ce que nous
remarquions hier eſtre arrivé au

miel ; à la pourpre, & aux beliers qui ont esté chassez par le sucre, l'écarlate, & les canons, qui chacun dans leur genre leur sont bien superieurs en bonté, en beauté, & en force. Pour concevoir tout d'un coup combien nous avons de remedes audelà de ceux des Anciens, il n'y a qu'à songer combien nous en tenons des Arabes modernes, combien nous en a donné la découverte du nouveau monde, & combien la Chymie, science inconnuë aux Anciens, en a trouvé & en trouve encore tous les jours.

LE PRESIDENT.

Je ne fais pas grand cas de tous ces remedes nouveaux.

L'ABBE'.

Comptez-vous pour rien le Baume du Perou, le Contrayerva, la Viperine, le Curcuma, la Gayac: la Salsepareille, le Saffafras, la

Squine, le Tabac, le Jalap, le Mêchoacan, le Quinquina, l'Hypecachuana, la Civette, l'Ambregris, le Canfre, l'esprit de vin, l'esprit de vitriol & tous les autres esprits tant acides que volatils, l'Antimoine & le Mercure avec toutes leurs préparations differentes. En un mot tous les remedes que fournit la Chymie qui font presque infinis. Si vous voulez jetter les yeux du costé de la Chirurgie, combien d'operations nouvelles a t on trouvées audelà de celles que connoissoient les Anciens? La Paracenthese qui autrefois étoit tres-dangereuse & presque toûjours sans succés, se fait presentement d'une maniere tres-sûre & tres-utile, en suivant la methode que Mr. Thouvenot de Turin nous a enseignée. Mr. Cressé a tellement facilité l'operation de l'Aneurisme, qu'elle se fait aujourd'huy sans peril par les Chirurgiens les moins experimentez. On a supprimé une infinité d'operations tres-cruelles & tres-douteuses en usage parmy les Anciens, comme le Periscyphisme, & l'Hypospatisme, dont le dernier se terminoit à enlever la peau du front & à la separer du crane.

LE CHEVALIER.

Cela me fait fremir. Hé, bon Dieu, à quoy servoit cette cruelle operation?

L'ABBE'

C'étoit pour faire écouler quelques eaux qu'ils prétendoient tomber du cerveau sur les yeux & les soulager par-là d'une fluxion qu les incommodoit.

LE CHEVALIER.

Vous vous moquez?

L'ABBE'.

Point du tout.

LE CHEVALIER.

Monsieur le President vous qui vous plaignez quelquefois d'une fluxion qui vous tombe sur les yeux, ne regretez-vous point l'heureux temps où l'on seroit venu vous écorcher tout vif pour arrester, ou pour diminuer un peu cette fluxion.

L'ABBE'.

On a inventé une infinité d'autres operations tres utiles, comme celle de coudre les tendons que Mr. Bienaise a si heureusement renouvellée. Celle de l'enfantement Cesarien dans les femmes vivantes hazardée avec succés vers la fin du siecle passé par Rousset, & depuis usitée heureusement en plusieurs rencontres. L'extraction de la pierre par la veſſie, propoſé par cet Auteur, & pratiquée depuis de la maniere que nous le voyons tous les jours. Il y a une infinité d'autres operations, qui n'ont commencé d'eſtre en uſage que dans ces derniers temps, que ma memoire ne me fournit pas, & qu'on peut trouver aiſément dans les Auteurs qui ont traitté de ces matieres. Il reſte à voir de combien on ſurpaſſe les Anciens dans la maniere d'appliquer les remedes, & de ce qu'on appelle faire la Medecine.

LE PRESIDENT.

Voilà où je vous attendois ; car ce n'eſt point la connoiſſance d'un grand nombre de remedes qui fait un bon Medecin. De meſme qu'un excellent Peintre peut faire un excellent Tableau avec cinq ou ſix ſortes de couleurs des plus communes, pendant qu'un Peintre peu habile ne fera qu'une enseigne à Bierre, quoi qu'il ait sur sa palette toutes les couleurs les plus belles & les plus fines de l'Orient. Un sçavant Medecin guerira de même les maladies les plus dangereuses avec des remedes ordinaires & connus de tout temps, pendant qu'un ignorant Medecin laissera mourir un homme malade d'un simple rhume avec toutes les drogues du nouveau monde.

L'ABBE'.

La chose peut arriver de la maniere que vous le dites, mais comme (toutes choses pareilles) c'est un avantage considerable à un Peintre d'avoir de belles & de vives couleurs; c'en est un aussi tresgrand à un Medecin (toutes choses d'ailleurs étant égales) de pouvoir donner à son malade des remedes d'une vertu specifique pour le mal qu'il veut guerir. Tout ce que l'on peut conclure de cette comparaison, c'est qu'en fait de Medecine, comme en fait de Peinture, & en quelqu'autre Art que se puisse estre, l'habileté de l'ouvrier est infiniment de plus grande importance que la qualité des matieres qu'il employe dans son ouvrage, & c'est de quoy je suis tres-convaincu ; mais nous trouverons que la bonne maniere d'appliquer les remedes ne s'est pas moins perfectionnée par l'usage & par la pratique que le nombre s'en est augmenté avec le temps. C'est ce qu'il reste à faire voir. La saignée est assurement le plus important, le plus universel & le plus décisif de tous les remedes, & dont l'operation se fait en plus de manieres. Les Anciens ne s'en servoient qu'en un tres-petit nombre de maladies, & souvent d'une maniere bien étrange, qui étoit de tirer tout le sang du malade, ou du moins jusqu'à la défaillance; ensorte qu'il demeuroit comme mort & sans mouvement dans son lit, & y demeuroit huit ou neuf mois avant que d'avoir repris ses forces, & sa couleur, qui quelquefois ne revenoit point, outre que souvent il en perdoit la veuë. On n'use aujourd'huy de la saignée que suivant le besoin du malade, & on guerit les fiévres les plus fâcheuses sans avoir recours à ces grandes évacuations, qui bien souvent étoient pires & plus dangereuses que les maladies ausquelles elles devoient servir de remedes. Les Anciens regardoient les fiévres tierces & les fiévres quartes comme difficiles à guerir; aujourd'huy deux ou trois prises de Quinquina chassent les plus opiniâtres & les plus fortes. On guerit aisément le Scorbut en un certain dégré, & les Anciens le regardoient comme une maladie presque desesperée; ce que je dis du Scorbut se peut dire de toutes les maladies malignes où on a besoin de cordiaux, de cephaliques, & d'autres remedes semblables, dont les meilleurs viennent des Indes, ou nous sont donnez par la Chymie & qui par consequent n'ont point esté connus des Anciens.

LE CHEVALIER.

En voilà plus qu'il ne m'en faut pour me persuader sur ce Chapitre, passons à autre chose.

L'ABBE'.

Permettez moy d'ajoûter pour une espece de confirmation de ma These, que parmy les Anciens un seul homme faisoit toutes les fonctions & toutes les operations de la Medecine ; c'est à dire que le même homme étoit Medecin, Chirurgien, & Apoticaire, au lieu qu'aujourd'huy ce sont trois Professions differentes, qui occupent trois hommes de telle sorte, que chacun d'eux n'a pas peu de peine à suffire aux choses qui le regardent, ce qui ne peut venir que du grand nombre de connoissances qu'on s'est acquises dans la suite des temps.

LE CHEVALIER.

Il n'y a encore qu'un homme dans les Villages qui fait luy seul toute la Medecine, & je croy que cela vient moins de ce que les malades de la Campagne ne pourroient pas suffire à payer trois hommes, que du peu de science de ces sortes de Medecins, science qui tient aisément dans la teste d'un seul homme, & qui étant d'un fort petit volume, comme celle des Anciens, ne les empesche pas de courrir de Village en Village.

L'ABBE',

Non seulement il faut aujourd'huy trois hommes differens pour suffire aux fonctions de la Medecine, mais nous voyons que la Chirurgie s'est partagée en plusieurs branches, dont chacune occupe un homme tout entier. Il y a des Chirurgiens qui ne s'appliquent qu'aux maladies des yeux: d'autres qu'aux maladies des dents: les uns ne s'étudient qu'à tailler de la pierre, les autres qu'à accoucher des femmes: d'autres qu'à remettre les membres disloquez, & avec cela ils ont de la peine à bien sçavoir tous les preceptes, tous les secrets, & toutes les observations que contient la portion de Chirurgie qu'ils ont choisie pour leur partage.

LE PRESIDENT.

J'en demeure d'accord; cependant que font vos Medecins? *Purgare, Segnare, Clysterium donare.*

LE CHEVALIER.

Cela nous a fait rire dans le malade imaginaire, & la vision qu'a eu Moliere a réüssi ; mais il n'est point vray que la Medecine d'aujourd'huy se renferme dans des bornes aussi étroites que celles que l'on luy veut donner, & quand cela seroit, que pourroit-on en inferer contre la Medecine ? Il ne faut que souffler & remüer les doigts pour joüer de la flûte, est-ce à dire, Mr. le President, qu'il n'y a rien de plus aisé que d'en joüer en perfection, & qu'il n'y a pas une grande difference entre un mauvais fluteur & les illustres Philbert, & Descoutaux, qu'on ne peut ouïr sans en estre enchanté.

L'ABBE'.

La comparaison me semble fort juste.

LE CHEVALIER.

Laiſſons donc là la Medecine, & puiſque nous ſommes tombez ſur les Flutes de Philbert & de Des-couteaux, parlons, je vous prie, de la Muſique que j'aime à la folie.

L'ABBE'.

Si l'on juge de la Muſique des Anciens par ce qu'ils en ont dit, c'étoit bien autre choſe que celle des Modernes.

LE CHEVALIER.

Il eſt vray que ſi l'on veut les en croire, il n'y a point de miracles qu'elle n'ait fait : elle faiſoit marcher les Arbres, & les Rochers, elle apprivoiſoit les Tygres & les Lyons, elle bâtiſſoit des Villes, en forçant les pierres à ſe placer les unes audeſſus des autres par les ſeuls accords d'une Lyre, & elle contraignoit les Dauphins à ſervir de monture aux Muſiciens pour traverſer la mer.

LE PRESIDENT.

Si vous voulez parler ſerieuſement de la Muſique, il ne faut pas prendre pied ſur ce que les Poëtes en ont dit en ſe divertiſſant; les merveilles que vous venez de rapporter, ne ſont autre choſe que des expreſſions figurées dont la Poëſie s'eſt ſervie pour faire entendre qu'il n'y a point d'hommes ſi farouches ni ſi ſtupides qui ne ſoient émus, & qui ne s'apprivoiſent par les charmes de la Muſique. Il faut auſſi ſe ſouvenir que ces Poëtes n'entendoient pas parler ſeulement de la Muſique qui frappe les oreilles, mais de celle qui n'étant autre choſe que l'ordre & l'harmonie adoucit les eſprits les plus ſauvages, & les fait vivre enſemble dans une aimable & parfaite concorde.

L'ABBE'.

Les Orateurs & les Philosophes mesmes ont dit de la Musique prise dans le sens propre & naturel, des choses qui ne sont pas moins étonnantes que ce qu'ont dit les Poëtes. Plutarque assure que chez les Grecs elle avoit la force en se servant du Mode Phrygien, Mode tout martial, d'inspirer aux hommes les plus timides le desir de combattre, de leur inspirer mesme de la fureur, & jusqu'à un tel point qu'ils s'assommoient les uns les autres sans avoir ni querelle ni inimitié. Il ajoûte que si dans le plus fort du combat le Joüeur d'instrument qui les avoit échauffez de la sorte, venoit à sonner de certains accords agreables & pacifiques sur le Mode Lydien, Mode doux & amoureux, ils cessoient aussi-tost de se battre, & rentroient peu à peu dans leur premiere tranquilité.

LE CHEVALIER.

Il faut eſtre fort en garde là-deſſus comme ſur toutes les autres hyperbolles que la Grece menteuſe a pris plaiſir à debiter.

L'ABBE'.

Je croy cependant qu'il étoit quelque choſe de ce que dit Plutarque, mais ces effets ſurprenants venoient bien moins de l'excellence de la Muſique de ces temps-là que de la facilité qu'avoient les Grecs à ſe laiſſer émouvoir par tout ce qui étoit pathetique. C'étoit alors la Nation du monde la plus ſpirituelle & la plus vive.

LE CHEVALIER.

Il eſt vray que les tranſports amoureux d'un Eſpagnol ſur un bout de ruban qu'il aura pris à ſa maîtreſſe, ſont bien d'une autre force que ceux d'un Moſcovite ou d'un Lapon en pareille rencontre.

L'ABBE'.

Je veux bien encore demeurer d'accord que leur Muſique, qui ne conſiſtoit que dans un ſimple chant (car ils ne ſçavoient ce que c'étoit que de chanter à pluſieurs parties) étoit....

LE PRESIDENT.

Vous vous mocquez, c'eſt ce qu'il y a de plus beau dans la Muſique que l'harmonie qui reſulte des diverſes parties qui chantent la meſme choſe ſur des chants differens, mais qui tout differens qu'ils ſont, ne laiſſent pas de s'accorder enſemble, & qui ne charment pas ſeulement l'oreille & le cœur, mais la raiſon meſme dans la plus haute partie de l'ame.

L'ABBE'.

Il est constant que la Musique des Anciens ne consistoit que dans un chant seul, & qu'elle n'a jamais connu ce que c'est qu'une basse, qu'une taille & qu'une haute-contre. Si vous en doutez, vous n'avez qu'à lire le traitté que Mr. Perrault de l'Académie des Sciences a composé sur ce sujet, & vous en serez pleinement persuadé. Ce Traitté est à la fin du premier Tome de ses Essays de Physique ; & a pour Titre. *De la Musique des Anciens*.

LE PRESIDENT.

Je seray bien aise de voir comment il prouve un paradoxe aussi estrange que celuy-là.

L'ABBE'.

La Musique des Anciens est encore aujourd'huy la Musique de toute la Terre, à la reserve d'une partie de l'Europe. Cela est si vray qu'à Constantinople mesme ils ne connoissent point encore la Musique à plusieurs parties.

LE CHEVALIER.

Cela ne peut pas estre.

L'ABBE'.

Vous connoissez Mr. Petis de la Croix Interprete du Roy en Langue Arabe.

LE CHEVALIER.

Oüy asseurement, & c'est un homme d'un merite tres-singulier.

L'ABBE'.

Nous l'irons voir quand vous voudrez. Il vous dira que s'étant trouvé à Constantinople lorsque nostre amy Mr. de Guillerague y étoit en Ambassade, il fut pleinement convaincu, non sans étonnement, de ce que je viens de vous dire.

Mr.

Mr. de Guillerague avoit des Laquais & des Valets de chambre qui joüoient tres-bien du Violon, & qui compofoient une bande complette. Lorfqu'ils joüoient quelques-unes de ces belles Ouvertures d'Opera, qui nous ont charmez tant de fois, les Turcs ne pouvoient les fouffrir, traittant de charivary le meflange des parties auquel ils ne font pas accoûtumez. C'eft dommage, difoient-ils, que ces gens-là ne fçavent pas la Mufique ; car ils ont la main bonne, & tirent bien le fon de leurs Inftrumens.

LE PRESIDENT.

Eft-ce que les joüeurs d'Inftrumens Turcs ne font jamais de concerts ?

L'ABBE'.

Ils en font, mais ils ne joüent tous que le fujet, où ils ajoûtent feulement quelques quintes &

Tome IV. M

quelques octaves en certains endroits, comme aux mediantes & aux finales. Mr. de la Croix qui a beaucoup voyagé, vous dira qu'il en est de mesme en Perse, & au Mogol, où l'harmonie qui resulte du meslange des parties & de la variation des consonnances, est également inconnuë. Mais afin que vous ne croyiez pas que je fasse injustice aux Orientaux ny aux Anciens, je vais leur accorder tout ce qu'ils peuvent souhaitter de nous ; je vais avoüer que comme ils n'ont cultivé que le chant seul, ils y ont peut-estre rafiné plus que nous : l'oreille des Orientaux s'offense de certains sons peu reguliers, que nous souffrons pour n'y estre pas assez délicats. Vous sçavez, Mr. le President, que tous les Tons entiers de la Musique ne sont pas égaux entr'eux, & qu'il y a un peu moins de distance de l'Ut au Ré, que du Ré au Mi, & du Fa au Sol, que du Sol au La. Cette difference se voit clairement sur le

Monochorde. De là vient que quand on transpose, & que ces notes viennent à changer de place, l'oreille s'apperçoit de plusieurs duretez que les uns souffrent & reçoivent mesme avec plaisir comme une espece de Cromatique, mais que d'autres regardent comme des dissonnances, & des manques de justesse qui les offensent. Les Orientaux ne peuvent souffrir ces sortes d'irregularitez.

LE PRESIDENT.

J'ay vû des Clavessins qu'on disoit venir d'Allemagne, où l'on remedioit à ces inconveniens en ajoûtant trois cordes & trois touches à chaque octave, sçavoir un Ré diéze entre le ré & le mi, un la b mol entre le sol & le la, & un la diéze entre le la & le si.

L'ABBE'.

J'ay vû un de ces Clavessins, l'invention en est tres-ingenieuse,

& autorife la délicateffe des Orientaux fur la jufteffe & la propreté du chant. Je diray encore à leur avantage que peut-eftre leurs joüeurs d'Inftrumens ont plus d'habileté que les noftres. Mr. de la Croix m'en a dit un exemple qui merite de vous eftre raconté. Dans un regale qu'il donna à Mr. de Guillerague, il fit trouver des Muficiens du Pays avec les Violons de Mr. l'Ambaffadeur. Aprés qu'ils eurent joüé les uns & les autres à diverfes reprifes, un vieux Muficien Perfan qui joüoit du Violon admirablement, pria le plus habile des Violons de l'Ambaffadeur de joüer la plus belle, la plus longue & la plus difficile de fes Pieces. Le Violon joüa une des plus longues ouvertures de nos Opera. Lors qu'il l'eut joüée deux fois, comme c'eft la coûtume, le Violon Perfan la rejoüa auffi deux fois fans y manquer d'une feule note, & fans mefme y oublier un seul des agrémens que son concurrent y avoit ajoûtez. Il joüa ensuite une de ses pieces, & la joüa deux fois, mais nostre Violon ne pût pas en joüer quatre notes de suite. Peut estre que si quelqu'un de nos plus habiles Violons s'étoit trouvé là, il en seroit sorti à son honneur.

LE PRESIDENT.

Quoy qu'il en soit, pour des apprentifs en fait de Musique ce n'est pas mal la sçavoir.

L'ABBE'.

Ils sont tres-habiles dans l'étenduë de ce qu'ils sçavent, mais comme ils ignorent entierement ce que c'est que l'harmonie des consonnances variées dans l'assemblage de plusieurs parties differentes, je diray toûjours qu'ils sont tres ignorans en comparaison des Musiciens de l'Europe.

LE CHEVALIER.

On dit que Monsieur de la Croix qui a esté envoyé tout jeune par Mr. Colbert en plusieurs endroits du Levant pour y apprendre les Langues Orientales, avoit eu ordre d'y apprendre en mesme temps la Musique du Pays.

L'ABBE'.

Cela est vray, & il l'a apprise tout à fait bien. La pensée de ce grand Ministre étoit que si nous sçavions une fois en quoy elle consiste, ce seroit une chose agreable d'en mesler quelques morceaux dans les festes & les divertissemens que sa Majesté donne à sa Cour; de faire une Scene par exemple, où des Chanteuses vétues à la Turque & touchant les mesmes Instrumens de Musique dont elles jouent à Constantinople, viendroient chanter les mesmes airs, & danser les mesmes danses qu'elles chantent & qu'elles dansent devant le Grand Seigneur, comme aussi de faire une autre Scene, où les Musiciens chanteroient les mesmes airs qu'ils chantent devant le Sophi de Perse, ou devant le Grand Mogol ; car quoyque leur Musique ne soit pas comparable à la nostre, la diversité de leurs chants & de leurs instrumens auroit apporté beaucoup de beauté & de richesse à nos spectacles.

LE PRESIDENT.

Cette pensée me plaist infiniment, & je vous avoüe que j'aurois un grand plaisir de me voir par-là comme transporté en un moment dans toutes les differentes parties du monde.

L'ABBE'.

Il avoit une autre pensée à peu prés semblable, mais qui me paroist encore plus grande & plus magnifique, c'étoit de proposer à sa Majesté, en cas que l'on eût achevé le Louvre, de ne point faire à la françoise tout le grand nombre d'appartemens qu'il doit contenir, mais d'en faire à la mode de toutes les Nations du Monde : à l'Italienne, à l'Espagnolle, à l'Allemande, à la Turque, à la Persienne, à la maniere du Mogol, à la maniere de la Chine, non seulement par une exacte imitation de tous les ornemens dont ces Nations embellissent différemment les dedans de leurs Palais; mais aussi par une recherche exacte de tous les meubles & de toutes les commoditez qui leur sont particulieres, en sorte que tous les Etrangers eussent le plaisir de retrouver chez Nous en quelque sorte leur propre Pays, & toute la magnificence du Monde renfermée dans un seul Palais.

LE CHEVALIER.

Je croy que nous avons parlé de toutes les Sciences & de tous les beaux Arts, où les Modernes peuvent avoir quelque avantage sur les Anciens.

L'ABBE'.

Il s'en faut beaucoup.

LE CHEVALIER.

Je n'en voy point qui ne soit venu sur les rangs. Vous avez parlé de l'Eloquence, & de la Poësie (Dieu sçait !) de l'Architecture, de la Peinture, de la Sculpture, de l'Astronomie, de l'Astrologie, de la Chyromance, de la Geographie, de la Navigation, de la Phylosophie, Logique, Morale, Physique, & Metaphysique, des Mathematiques, de la Medecine, & de la Musique. Que reste-t'il aprés cela?

L'ABBE'.

Il en est des Arts & des Sciences, comme de la Maison Royale où nous sommes. Il y a trois jours que nous la parcourons de tous côtez, & je suis seur qu'il y a dans son enceinte cent belles choses que nous n'avons point veües, & que nous serions encore icy un mois sans les voir toutes. Il y a de mesme trois jours que nous parlons de toutes sortes d'Arts & de Sciences, & il est constant qu'il y en a un tres-grand nombre dont nous n'avons rien dit, & que quand mesme nous y employerions encore un tres long temps, il en resteroit une infinité que nous n'aurions pas examinées. Pour preuve de ce que je dis ; remarquez que nous sommes icy dans le plus beau Jardin du Monde, & que cependant nous n'avons presque rien dit du Jardinage, soit de celuy qui se mesle de dresser des Parterres, de planter des Palissades, des Bosquets, des Boulingrins, & tout ce qui regarde la beauté, l'agrément & la magnificence ; soit du Jardinage qui se mesle des fruits & des legumes. De combien de piques Mr. le Nostre & M. de la Quintinie se seroient-ils trouvez, chacun en leur genre, au dessus de tous les Anciens ?

LE CHEVALIER.

Il est vray que quand l'Histoire parle d'un Consul, ou de quelqu'autre grand personnage, qui revient chez luy aprés avoir triomphé des Ennemis, elle ne le represente point faisant dresser les allées d'un Jardin, plaçant des fontaines jallissantes en divers endroits, ou peuplant de grands Parterres des plus belles fleurs & des plus beaux Arbrisseaux que fournissent les Regions les plus éloignées, elle le represente plantant des choux ou des oignons dans le petit enclos de ses Peres.

LE PRESIDENT.

Eſt-ce que vous ne trouvez pas cela auſſi beau & auſſi louable que de faire de beaux Jardins?

L'ABBE'.

Oüy aſſeurément, & plus beau meſme, ſi vous le voulez, mais nous n'en ſommes pas ſur la Morale, nous en ſommes ſur la culture des jardins, & ſur cet Art agreable qui preſide ou à leur embelliſſement où à leur utilité. Ce que Monſieur le Chevalier vient de remarquer que des Conſuls ne plantoient pour l'ordinaire que des choux & des oignons dans leur jardin prouve tres-bien que de leur temps on n'étoit pas fort magnifique en jardinages.

LE PRESIDENT.

Quand on veut parler des jardins des Anciens pour la magnificence, ce ne ſont pas ceux des Consuls Romains qu'il faut citer, puisque ces grands hommes faisoient profession de frugalité, & de ne se distinguer du reste du Peuple que par les services importans qu'ils rendoient à la Republique, mais il faut parler de ceux de Lucullus ou de Semiramis.

L'ABBE'.

Si ces jardins que vous alleguez avoient eu les mesmes beautez que ceux d'aujourd'huy, les Auteurs qui en ont écrit les auroient remarquées, puisqu'ils ont eu soin de nous apprendre qu'il y avoit des Murenes dans les étangs des jardins de Lucullus qui venoient au son de la voix, & à qui on mettoit des pendans d'oreille, & que les jardins de Semiramis étoient suspendus.

LE CHEVALIER.

Je n'ay jamais bien entendu ce qu'on vouloit dire par des jardins suspendus.

L'ABBE'.

On ne veut dire autre chose que des Jardins plantez sur des terrasses fort élevées. Cette situation peut donner beaucoup de magnificence à des Jardins ; mais tant qu'on n'y voit point de fontaines jallissantes, on peut dire qu'il leur manque la plus grande de toutes les beautez. S'il y en avoit eu dans les Jardins de Semiramis ou de Lucullus, les descriptions qu'on en avoit faites seroient venuës jusqu'à nous. Il s'en faloit bien d'ailleurs que les Anciens eussent la mesme quantité de bons fruits que nous avons aujourd'huy, puisque le nombre s'en augmente encore tous les jours.

LE PRESIDENT.

Comment concevez-vous Mr l'Abbé que le nombre des fruits puisse s'augmenter tous les jours, est-ce que Dieu n'a pas créé toutes les especes d'arbres dés le commencement du monde.

L'ABBE'.

Cela est vray, mais ils les a créés en differens endroits, & quand je dis que le nombre des fruits s'augmente tous les jours, je veux dire que l'on fait venir tous les jours des Pays éloignez des arbres que l'on n'avoit pas encore. On en cultive aussi de sauvages qu'on rend excellens en les entant sur eux-mesmes & en les plantant dans de bonne terre.

LE CHEVALIER.

Si l'art de la Cuisine qui à mon sens en vaut bien un autre, doit entrer en lice, je suis persuadé que nous avons des Cuisiniers d'un goust tout autrement delicieux que n'en avoient les Anciens.

L'ABBE'.

Il n'en faut pas douter. Les Anciens ont eu soin de nous laisser par écrit plusieurs de leurs plus excellens ragousts; ceux qui en ont voulu essayer les ont trouvez détestables. Il ne faut pas s'en étonner: puisque le jus noir dont les Lacedemoniens faisoient leurs delices, fut trouvé tres-mauvais par les Rois de Perse qui eurent la curiosité d'en taster. D'ailleurs quand on n'auroit égard qu'à la propreté, il y auroit toûjours une tres-grande difference de leurs Repas aux nostres, puisqu'il est constant qu'ils n'avoient point de nappes sur leur table.

LE CHEVALIER.

Comment sçavez-vous cela.

L'ABBE'.

Ovide dit qu'estant à table auprés de sa Maitresse, il écrivoit sur la table, je vous aime, avec du vin dont il mouïlloit le bout de son doit.

LE CHEVALIER.

Voilà une galanterie qu'on ne pourroit faire aujourd'huy que dans ces Cabarets où on ne donne point de nappe, mais qui prouve bien qu'on n'en avoit pas une du temps d'Auguste; car il y en auroit eu sur la table où mangeoit un Chevalier Romain tel qu'Ovide. Je croy aussi que leurs Chars, qui n'estoient, à le bien prendre, que d'honnestes tombereaux, étoient biens differens de nos Caleches & de nos Carosses, car ils ne sçavoient ce que c'estoit que de suspendre leurs voitures.

LE PRESIDENT.

Croyez-vous qu'il n'y ait pas de la molesse à rendre nos carosses aussi doux qu'ils le sont, par tous les ressorts qu'on y ajoûte ?

LE CHEVALIER.

On a grand tort asseurement, & il seroit bien plus loüable de se faire roüer dans des Chariots à l'antique.

L'ABBE'.

Je croy en effet que le chariot * *bien resonnant* du Roy Alcinoüs, estoit une cruelle voiture.

LE CHEVALIER.

N'admirez-vous point que d'être bien resonnant, ait esté là loüange du Chariot d'un Roy, & qu'aujourd'huy ce soit un des plus grands reproches qu'on fasse à nos carosses de loüage. On voit la difference des temps jusques dans les moindres choses.

L'ABBE'.

Sur quelque Art que vous jettiez les yeux vous trouverez que

* *Odyssée liv 6.*

les Anciens estoient extremement inferieurs aux Modernes par cette raison generale, qu'il n'y a rien que le temps ne perfectionne.

LE CHEVALIER.

Aprés avoir parlé des Arts où les Modernes l'emportent sur les Anciens, il me semble que vous devriez dire quelque chose des Arts qui n'ont esté connus que dans ces derniers siecles, comme de l'Imprimerie & de l'Artillerie.

L'ABBE'.

Nous en avons parlé, nous avons remarqué que l'Imprimerie avoit rendu la science beaucoup plus commune qu'elle n'estoit, en mettant les livres dans les mains de tout le monde, & nous avons observé que l'Artillerie avoit changé toute la face de la guerre, mais ces deux Arts en ont chacun un à leur costé dont nous n'avons rien dit & qui sont tous deux tres-agreables. L'un eſt l'art d'imprimer des eſtampes, & l'autre l'art de faire des feux d'artifice. Comme c'eſt un grand avantage de pouvoir multiplier les livres par l'impreſſion qu'on en fait, c'eſt auſſi une grande ſatisfaction pour ceux qui aiment les belles choſes de pouvoir multiplier les beaux tableaux & tout ce que les Peintres & les Sculpteurs imaginent par le moyen des eſtampes que l'on en fait.

LE CHEVALIER.

Vous m'avez fait plaiſir Mr l'Abbé de vous eſtre ſouvenu des feux d'artifice ; car je les aime de tout mon cœur, & la penſée ſeule m'en réjouït.

L'ABBE'.

Il eſt vray que le ſpectacle qu'ils donnent n'a jamais laſſé qui que ce ſoit.

LE CHEVALIER.

Quelque temps qu'ait duré un feu d'artifice, on ne peut voir partir des fusées un peu belles, ou en un nombre un peu considerable, qu'on ne ressente une nouvelle joye aussi vive & aussi touchante que si c'estoit les premieres qu'on eust jamais vûës.

LE PRESIDENT.

Vous seriez donc bien aise si vous voyez ces Girandoles admirables qu'on tire à Rome le jour de Saint Pierre.

LE CHEVALIER.

J'ay vû à Versailles des feux d'artifice plus beaux, n'en déplaise à Mr le President, que ceux qu'on fait à Rome : car je n'ay pas besoin qu'une chose soit ancienne ou d'un Pays éloigné, pour la trouver belle. D'ailleurs ces feux d'artifice estoient accompagnez d'un si grand nombre d'illuminations extraordinaires, que je ne croy pas qu'on puisse voir un spectacle plus agreable ny plus magnifique tout ensemble. Le grand Canal & celuy qui le traverse depuis Trianon jusqu'à la Menagerie, étoient bordez d'un bout à l'autre d'une infinité de grands Termes de couleurs differentes. A l'endroit où ces deux canaux se croisent, il y avoit quatre Pavillons d'une tres-belle Architecture, & aux extremitez de ces canaux on voyoit des Palais magnifiques, sur tout celuy de Thetis qui terminoit le grand Canal, & qui estoit d'une grandeur & d'une beauté surprenante. Ces Termes, ces Pavillons & ces Palais estoient remplis d'un nombre infini de lampes qui en faisant briller les marbres precieux dont ils sembloient estre construits répandoient par tout une lumiere douce & tranquille, qui jointe au silence de la Nuit estoit d'un charme inconcevable. Rien n'a jamais mieux ressemblé à ce que la Fable raconte des Champs Elisées. Ce n'estoit ny un vray Jour ny une vraye Nuit, mais quelque chose qui avoit la beauté & l'agrément de tous les deux. Quand les feux d'artifice commencerent, au signal qui leur fut donné, à s'élever dans l'air de tous costez & à broder, si cela se peut dire, le fond brun & paisible de tout le ciel & de tout le païsage, & à y faire éclater un million d'innocens Tonnerres que les Echos multiplioient encore; les yeux & les oreilles gouterent un plaisir qu'il est mal-aisé de bien exprimer. Il parut alors dans le milieu du Canal un grand Vaisseau portant une Pyramide toute de feu, mais d'un feu le plus brillant & le plus vif qu'on ait jamais vû. Au pied de cette Piramide estoient des illuminations representant de grands Trophées d'armes & deux Esclaves d'une taille prodigieuse, le tout peint de la main de l'illustre Mr le Brun, & éclairé d'un nombre infini de lumieres. Aprés que ce spectacle se fut avancé gravement & eut charmé les yeux pendant un espace de temps considerable ; le hazard y ajoûta une beauté à laquelle on ne s'attendoit point, le feu prit inopinement & tout à coup au corps du Vaisseau, (d'où ceux qui le conduisoient se sauverent à la nage le mieux qu'ils purent,) à tous les bois qui formoient & soûtenoient la Pyramide, aux Trophées, & aux Esclaves. Il s'en forma une autre Pyramide de feu purement naturel six fois plus grande que la premiere, c'estoit un plaisir de voir le feu qui sortoit immediatement de l'eau & qui s'y mirant tout entier, y faisoit descendre une autre Pyramide de feu aussi grande & aussi lumineuse que celle qui montoit en haut. Tous les rivages en furént tellement

tellement éclairez qu'on se voyoit plus distinctement qu'on n'eust fait en plein jour. Cela fit un extrême plaisir à tous les spectateurs dont les plus éloignez virent le Roy, la Reyne & toute la Cour comme s'ils n'en avoient esté qu'à quatre pas. Il y a apparence que la Cour mesme n'en fut point faschée; car elle estoit autant belle qu'elle l'ait jamais esté. La maniere dont finit cet agreable incendie plut encore beaucoup. Tant que l'eau n'entra point dans le Vaisseau qui bruloit, la flamme fut toûjours également brillante, & des que l'eau y entra, tout s'eteignit en un moment. Le Vaisseau coula à fond, l'eau passa pardessus & on ne vit plus ny feu, ny flamme, ny fumée.

L'ABBE'.

Comme c'est un deffaut à un feu de joye de languir sur sa fin, on eut contentement la dessus, de celuy dont vous parlez.

LE CHEVALIER.

Il faut pardonner cette longue description au plaisir que j'ay à me souvenir des Festes de Versailles.

L'ABBE'.

Je vous le pardonne sans peine, car vous m'avez fait aussi un tres-grand plaisir de m'en rafraichir la memoire.

LE PRESIDENT.

Je croy que nous pouvons mettre fin à nostre dispute & reprendre le chemin de Paris.

LE CHEVALIER.

Concluons donc quelque chose s'il vous plaist de ce que nous avons dit aujourd'huy & les jours precedens.

L'ABBE'.

Nous conclurons, si vous l'avez agreable, que dans tous les Arts &

dans toutes les sciences, à la reserve de l'Eloquence & de la Poësie, les Modernes sont de beaucoup superieurs aux Anciens, comme je croy l'avoir prouvé suffisamment, & qu'à l'égard de l'Eloquence & de la Poësie, quoy-qu'il n'y ait aucune raison d'en juger autrement, il faut pour le bien de la paix ne rien decider sur cet article.

LE CHEVALIER.

C'est-à-dire qu'il faut attendre encore un peu de temps ; car franchement, quelque mine que fasse Mr le President, je le tiens fort ébranlé.

LE PRESIDENT.

Moy, ébranlé ?

LE CHEVALIER.

Demeurons-en là, il seroit malhonneste d'en demander davantage pour la premiere fois. Il faut cependant que je vous dise, avant que de nous separer, mon avis sur toute nostre dispute ; je l'ay mis ce matin en vers, n'ayant pû me rendormir aprés mon premier sommeil.

QUAND le Dieu des saisons aura moins de lumiere
Au milieu de son cours qu'en ouvrant sa carriere ;
Qu'un Chesne qui n'a vû que deux ou trois Printemps
Aura plus de rameaux qu'un chesne de cent ans ;
Qu'un fleuve roulera plus de flots à sa source
Qu'il n'en porte à la Mer en achevant sa course ;
Que le rustique gland des antiques forests
Vaudra mieux que le blé des modernes guerets ;
Quand pour trop manier ou le marbre ou l'argile
On vera qu'un Sculpteur en devient moins habile,
Qu'un Pilote en voguant perd l'art de naviger,
Qu'un Cyclope en forgeant desaprend à forger ;
Je croiray qu'en nos jours il n'est rien qui réponde
Aux plus foibles essais de l'enfance du monde.

Mr le Président ne pût s'empêcher d'applaudir aux vers de Mr le
Chevalier, & de marquer par-là
qu'il n'avoit plus tant de mépris
pour les Modernes. On vint dans
ce moment les avertir que leur é-
quipage estoit prest, de sorte qu'a-
prés avoir fait encore un tour de
promenade sur le grand Parterre,
ils quitterent ce séjour admirable
pour s'en retourner à Paris, avec
une ferme resolution de revenir in-
cessamment en admirer encore les
beautez qu'ils avoient veuës avec
tant de plaisir.

FIN.

SENTIMEMT D'UN DO-
cteur de Sorbonne sur la doctrine des principes de connoissance de Descartes.

DESCARTES dit que *a* pour bien examiner la verité, il est besoin de mettre une fois en sa vie toutes choses en doute, à quoy il ajoûte qu'il est *b* utile aussi de considerer comme fausses toutes les choses dont on peut douter.

Cette doctrine est temeraire, dangereuse & inutile.

a *Animadverti jam ante aliquot annos quam multa ineunte ætate falsa pro veris admiserim, & quam dubia sint quæcumque istis postea superextruxi, ac proinde funditus omnia, semel in vita esse evertenda atque à primis fundamentis, denuo inchoandum &c.*
Commencement de la premiere meditation de Descartes.

b *Enitar tamen & tentabo eamdem viam quam heri fueram ingressus, removendo scilicet illud omne quod vel minimum dubitationis admittit, nihilo secius quam si omnino falsum esse comperissem.*
Au commencement de la seconde meditation.

On ne doit jamais renoncer pour peu de temps que ce puisse estre à la connoissance de Dieu, puisque la Pieté nous oblige d'occuper sans cesse nostre esprit à le considerer ou en luy-mesme, ou dans ses ouvrages & que cette obligation est fondée sur les premiers principes de la nature de nostre esprit & sur les premiers principes de la grace.

La fin de nostre esprit est de connoistre la verité qui est Dieu, or il n'est jamais permis de se détourner de sa fin derniere. De plus comme Dieu qui est la cause efficiente de nostre esprit, & qui ne connoist rien que luy-mesme, soit dans sa substance, soit dans ses productions qui sont ses images, n'a imprimé d'autre mouvement à nostre esprit que celuy qui le porte à la connoissance de son principe, (l'action naturelle d'une cause sur son effet estant de se le rendre semblable en luy communiquant ce qu'elle a,) c'est une temerité bien grande de vouloir interrompre ce mouvement par un doute formel & deliberé, tel que celuy que Descartes propose à ses disciples. J'adjousteray que nostre esprit estant porté de sa nature vers la connoissance de la souveraine verité, c'est détruire autant qu'il est en nous la nature de nostre esprit, que de douter s'il y a une verité souveraine; car de mesme qu'un corps cesse de se mouvoir lorsqu'il n'y a point de terme où il puisse arriver, le mouvement de l'esprit cesse aussi, lorsqu'il n'a plus d'objet.

Cette obligation est aussi fondée sur les premiers principes de la grace, dont la fin est de rendre Dieu present à nostre esprit par la foy, de perfectionner ses connoissances naturelles, & de le disposer par ce moyen à voir clairement la Nature divine; or il ne peut estre permis d'aller contre cette fin ny d'abandonner par le dou-te la lumiere de la foy pour commencer à se former soy-mesme de nouvelles connoissances, & puisque Dieu a fondé en nous la foy sur les connoissances naturelles qui luy servent de preparation, nous devons nous en contenter, & ne pas abbatre l'Edifice de ce grand Architecte jusqu'aux fondemens, pour en établir d'autres & bastir dessus un nouvel edifice. La cause efficiente de la grace est Dieu qui la produit sans cesse en nostre esprit par une liberalité toute pure, c'est donc une grande témerité d'arrester cette operation de Dieu pour commencer la nostre, & de rejetter ses dons pour acquerir de nous mesmes & par nostre propre suffisance de nouvelles richesses qui ne sont rien en comparaison de celles que nous abandonnons par le doute. Enfin la nature de la grace ou sa cause formelle estant un mouvement qui porte nostre esprit au dessus de la Nature mesme, c'est détruire ce mouvement & le faire descendre au dessous de toutes les connoissances naturelles. On peut dire que ce principe de douter de tout a quelque chose de plus mauvais que tous les autres pechez, puisqu'il détourne de propos deliberé nostre esprit de la vûë de Dieu pour l'employer à la recherche de la creature, & que les autres pechez ne l'en détournent que par accident ; si ce n'est peut-estre dans ces hommes qui ont dit à Dieu qu'ils ne veulent point le connoistre pour pecher plus librement ; avec cette difference que ceux-cy le font pour se conduire comme il leur plaist dans leurs actions, & que ceux-là le font pour se conduire comme il leur plaist dans leurs pensées.

Il ne sert de rien de dire que l'on ne se jette dans ce doute que pour un peu de temps, puisque la foy se perd par le doute volontaire de quelque peu de durée qu'il puisse estre, de mesme que la vie se perd pour peu que l'on cesse de vivre.

On dira peut-estre que ce doute ne doit estre regardé que comme une supposition qu'on fait pour parvenir à une plus grande certitude, mais Mr Descartes ne dit point que ce doute ne doit estre regardé que comme une supposition quoyque la chose meritast bien qu'il en fist la remarque, & il en parle comme d'un doute réel & effectif. Quoy qu'il en soit cette demarche est toûjours tres-perilleuse : car qui peut répondre qu'on viendra à bout de rétablir toutes les connoissances & toutes les persuasions qu'on aura rejettées par le doute ; tel esprit ny trouvera pas de difficulté, mais tel autre ne pourra jamais sortir de son doute. J'ajoute que quand il repareroit en un instant toutes ses connoissances naturelles, & qu'il les remettroit en meilleur ordre, il n'a point en luy-mesme de moyen de se rétablir dans la foy qui est un pur don de Dieu, qu'on ne peut mesme luy demander si on ne l'a déja, puisqu'on ne prie que par la foy.

Il ne sert de rien de dire qu'on n'entre dans ce doute volontaire que pour acquerir une connoissance plus forte & plus certaine, puisque cette connoissance qu'on acquiert n'est qu'une connoissance purement naturelle, & qu'il vaudroit mieux ne connoistre jamais aucune verité naturelle par la demonstration, que d'avoir cessé un moment de croire celles que la foy nous enseigne.

On a beau dire que celuy qui entre dans ce doute ne s'en sert pas pour la conduite des actions de sa vie. Cela n'est bon qu'à faire des hypocrites de ceux qui en usent ainsi. Car supposons qu'un homme voulant philosopher comme Descartes, s'est jetté dans le doute dont nous parlons, & à tel point qu'il ne voit plus rien d'asſuré, ſinon qu'il eſt une choſe qui penſe ; ſuppoſons enſuite que cet homme demeure dix ans dans ce doute avant que de paſſer de cet eſtat à celuy d'un homme qui eſt fortement perſuadé de toutes les veritez de la foy, & que pendant ces dix années il s'eſt acquité exactement de tous les devoirs d'un Chreſtien, n'eſt-il pas vray que cet homme aura commis pluſieurs grands ſacrileges.

Il eſt d'ailleurs impoſſible que celuy qui doute de tout, & qui ne veut ſortir de ſon doute que par la force de la demonſtration, puiſſe jamais eſtre convaincu d'aucune verité : la raiſon en eſt tres-évidente, & je ne ſçay comment Mr Deſcartes ne l'a point vûë ; ou pourquoy il l'a diſſimulée. C'eſt que la certitude de toutes nos connoiſſances eſt fondée ſur deux principes qui ne peuvent ſe demonſtrer, & dont nous ne sommes convaincus que par une persuasion naturelle.

Le premier de ces principes est que la raison humaine est capable de connoistre la verité, & le second que nous avons en nous mesmes cette raison.

Je dis premierement qu'il est évident que toutes les sciences sont fondées sur ces deux principes, puisque nous ne pouvons avoir une science ou une connoissance certaine de quelque chose, si nous ne sommes asseurez de l'avoir, & que nous ne pouvons estre asseurez de l'avoir, si nous ne sommes asseurez qu'il est possible que nous l'ayons. Il est encore certain que pour acquerir cette connoissance, il faut estre asseuré qu'une raison bien disposée peut l'acquerir & estre asseuré aussi que nous avons en nous cette raison bien disposée.

Je dis en second lieu que si un homme doute de ces deux principes comme il le doit faire, s'il veut douter de tout, cet homme n'a point de moyen pour sortir jamais de son doute, ny pour connoistre avec certitude aucune verité : car il est évident qu'il ne peut jamais se convaincre luy-mesme du premier de ces deux principes, puisque toutes les preuves qu'il en peut former ne sont autre chose que des actions de raison comprises par consequent dans le principe dont il doute. Aprés cela quelque demonstration qu'il employe pour se convaincre de quoy que ce soit, il ne pourra parvenir à autre chose qu'à continuer dans le doute où il s'est mis. S'il luy arrive par exemple de raisonner de cette sorte, le Tout est plus grand que sa partie, Quatre est un tout, & deux en est une partie, donc Quatre est quelque chose de plus grand que deux. Toute la conviction qu'il pourra tirer de cet argument le plus évident qu'on puisse faire, c'est que la consequence qui en resulte luy semble tres-conforme à la Raison, mais qu'il ne sçait pas si la Raison peut connoistre la verité. Quelque chose qu'on luy puisse dire de la bonté de Dieu qui ne sçauroit prendre plaisir à tromper ses Creatures, il avoüera encore que cela luy semble tres-raisonnable mais qu'il ne sçait pas si c'est assez qu'une chose luy semble raisonnable pour croire qu'elle soit vraye.

Il en est de mesme du second principe. Quand cet homme seroit asseuré que la Raison peut connoistre la verité, il pourra douter que la sienne soit assez bien disposée pour en venir à bout. Combien voit-on de foux, dira-il, qui croyent trouver la verité par des raisonnemens visiblement faux, & qui sçait si ces sortes de foux ne sont pas les veritables sages, car il y a moins de cette sorte de foux achevez dans le monde, qu'il n'y a d'autres hommes, & les choses les plus rares en chaque espece sont ordinairement les plus parfaites. Ce que l'on peut esperer de plus raisonnable d'un homme qui se sera jetté dans ce doute, c'est qu'il passe dans la secte des nouveaux Academiciens qui ne reconnoissent rien de certain dans toutes les connoissances humaines.

A ces deux principes indemonstrables, on peut en ajoûter un troisiéme qui est une dependance du second. Ce principe est d'estre certain qu'on est éveillé dans le temps que l'on raisonne. Car il est impossible que celuy qui est entré dans le doute s'il veille ou s'il dort, comme on y entre necessairement, quand on doute de tout, en puisse jamais sortir par aucune demonstration, puisque souvent on dort quand on pense veiller, & que dans cet estat on se confirme dans la pensée qu'on ne dort pas, par les mesmes raisons dont on se sert pour se convaincre qu'on ne dort pas, lorsque l'on veille.

Quand on renonce à la poffeffion de quelque chofe pour en acquerir une autre, il faut que celle qu'on acquiert vaille mieux que celle que l'on quitte, cependant ce que Defcartes fe propofe d'acquerir par fon doute, n'eft autre chofe que des connoiffances certaines & demonftratives, & ce qu'il détruit par fon doute renferme des connoiffances certaines & demonftratives, puifque fon doute s'étend fur toutes fortes de connoiffances. Pourquoy fe deffaire avec bien de la peine d'une chofe pour avoir enfuite bien de la peine à la recouvrer. Un homme qui ufe fi mal de fa raifon eft bien malheureux & bien vain tout enfemble; bien malheureux de rendre inutile par fon doute tout le temps de fon enfance & de fa jeuneffe, pendant lequel l'Auteur de la Nature a répandu dans fon efprit un tresgrand nombre de connoiffances & de veritez tres-importantes, &

bien vain de renoncer à tous ces avantages pour avoir le plaisir de pouvoir dire qu'il s'est acquis par ses propres forces ce que Dieu luy avoit donné gratuitement & sans aucun travail de sa part.

Il est étonnant que Mr Descartes estant aussi persuadé qu'il l'estoit des veritez de la Religion, ait avancé de tels principes sans avoir pris la precaution de declarer que le doute où il veut qu'on entre pour bien philosopher ne regarde point les matieres de la foy dont il n'est jamais permis de douter, & sans avoir averti que ce doute mesme, des choses naturelles ne doit estre qu'une pure supposition ; car douter qu'il y ait un Ciel & une Terre, comme on le doit quand on a resolu de douter de tout, c'est douter qu'il y ait un Createur du Ciel & de la Terre.

RESPONSE A LA LETTRE

d'un ami qui se plaignoit de ce que les Poetes d'aujourd'huy n'employoient plus la Fable dans leurs ouvrages, & de ce que les Orateurs n'osent plus citer dans leurs Harangues ny Cambises, ny Epaminondas ny presque tous les grands hommes de l'Antiquité.

JE vous avoüe, Monsieur, que j'ay pris un extreme plaisir à m'entendre loüer dans vostre lettre; mais lorsqu'aprés m'avoir encensé comme un Poëte excellent, vous ajoûtez qu'on ne voit plus aujourd'huy que de méchante Prose rimée; & que dans cette supposition vous daubez de toute vostre force sur nostre siecle, ne croyez pas que je prenne le change, ny que l'amour propre me fasse donner dans le panneau.

En vain par voſtre doux langage
Vous me voulez amadoüer
Je ſçauray m'entendre loüer,
Sans laiſſer tomber mon fromage.

Je veux dire, Monſieur, que la joye d'oüir des loüanges auſſi fines & auſſi delicates que celles que vous me donnez ne me fera pas abandonner les intereſts des Modernes. J'eſtimeray toûjours le ſiecle où vous vivez & où vivent tant d'autres excellens hommes & en vers & en proſe.

Il eſt vray qu'il ſe fait aujourd'huy un grand nombre de méchans vers, mais en quel temps ne s'en eſt-il pas fait autant & davantage. Les Anciens ſe ſont plaints de la meſme choſe, & ont fait ſur ce ſujet des milliers d'Epigrammes, ce n'eſt donc point un malheur qui ſoit particulier à noſtre ſiecle.

Comme nos Gens, dites-vous, ne ſçavent gueres de choſes, ils mépriſent tout ce qui paſſe leur connoiffance, croyez-vous Monfieur, que fi nos Poëtes ne s'empreffent plus d'orner leurs ouvrages des noms d'Apollon, de Minerve, de Mars, de Venus, de Cupidon, de Melpomene, de Terpficore, & d'y faire entrer les Fables de la Metamorphofe, cela vienne de ce qu'ils ignorent toutes chofes? Point du tout; & fi leurs ouvrages ne plaifent pas ce n'eft pas faute d'y avoir employé tous ces vieux materiaux poëtiques; mais faute de genie & d'invention. Je ne fçaurois m'empefcher de tranfcrire icy un Sonnet de Ronfard qui devroit charmer tout le monde, s'il eftoit vray que la Fable ancienne fuft une des plus grandes beautez de noftre Poëfie. Le voicy.

Je ne fuis point ma guerriere Caffandre
Ny Mirmidon ny Dolope foudart
Ny cet Archer dont l'homicide dart
Occit tonfrere & mit ta ville en cendre.

En ma faveur, pour esclave te rendre,
Un camp armé d'Aulide ne depart,
Et tu ne vois au pied de ton rempart
Pour t'enlever mille Barques descendre.

Mais bien je suis ce Chorebe ensensé
Qui pour t'amour ay le cœur offensé
Non de la main du Gregois Penelée

Mais de cent traets qu'un Archerot vainqueur
Par une voye à mes yeux decelée,
Sans y penser me ficha dans le cœur.

Je vais vous apprendre une chose que vous ne sçavez peut-estre pas, c'est que ce Sonnet a esté fait, à ce que l'on m'a asseuré pour une jeune Cabaretiere du Fauxbourg S. Marceau, dont Ronsard, qui demeuroit dans le mesme Fauxbourg, estoit devenu amoureux. Que de bien perdu! car apparemment cette Cassandre ne connoissoit pas les honnestes gens qui sont nommez dans ce Sonnet. Que de tresors fors en un monceau ! Voilà tout Homere & tout Virgile, cependant, Monsieur, pouvez-vous voir sans en avoir pitié le grand Ronsard, un des plus beaux genies qu'il y ait jamais eu, se defigurer & se barbouiller comme il fait par l'usage hors de propos de toute cette Fable. Ce qui me semble bien digne de remarque en cecy, c'est que Ronsard & tous ceux qui ont travaillé comme luy, n'ont point fait ce qu'ils vouloient faire. Ils vouloient imiter les Anciens & ils ne les ont point imitez ; car imiter les Anciens n'est pas dire ce qu'ils ont dit, mais dire les choses de la maniere qu'ils les ont dites; les Anciens ont employé dans leurs Poësies les Fables qui estoient connuës de tous ceux de leur siecle, comme faisant la meilleure partie de leur Religion ; si nos Poëtes veulent faire comme les Anciens, il faut qu'ils mettent dans leurs Poësies ce qui est connu de

tous ceux du siecle où nous sommes; & commes les Poëtes Grecs
& Latins n'employoient point dans
leurs ouvrages la Mithologie des
Egyptiens, les Poëtes François ne
doivent point employer les Fables
des Romains & des Grecs s'ils ont
envie de les prendre pour leurs
modelles.

Il y a des gens qui se sont imaginez que les Fables dont nous
parlons estoient de l'essence de la
Poësie; il ne se peut pas une plus
grande illusion. Il est vray que la
fiction en general est de l'essence
de la Poësie, mais non pas telle
ou telle fiction. Si la chose estoit
comme le pretendent ceux qui
se sont enyvrez de la Poësie des
Grecs & des Latins jusqu'à croire qu'il n'y en a point d'autre,
il faudroit qu'il n'y en eût point
eu dans le monde avant les
Grecs & les Romains, ce qui
est manifestement faux. Il faudroit qu'il n'y en eût point en

core aujourd'huy dans tous les païs où on n'a jamais ouy parler ny d'Apollon, ny du Parnasse, il faudroit enfin que les Cantiques de Moïse, les Pseaumes de David, & presque tous les ouvrages de Salomon ne fussent que de la Prose rimée, quoy-qu'on les ait toûjours regardez comme des modelles de la Poësie la plus sublime. La Fable Greque n'est qu'un ornement à la Poësie, qui à la verité lui a donné de grands agrémens lorsque les Grecs & les Romains s'en sont servis, mais qui ne luy est plus absolument necessaire pour se faire aimer. Bien loin que cela soit, je diray que comme les ornemens qui ont eu le plus de vogue dans de certains temps sont ceux qui blessent le plus quand la mode vient à s'en passer, il est à craindre que la Fable ancienne qui commence à deplaire à bien des gens lors qu'elle n'est pas employée avec une extreme delicatesse, ne devienne dans quelque temps insupportable.

Quoy qu'il en soit, Monsieur, les Fables, que vous regrettez tant, ne sont pas plus essentielles à la Poësie que les Cornettes à deux rangs le sont à la beauté des femmes. Vous trouvez sans doute que ces coëffures élevées, leur seient admirablement bien & ajoûte beaucoup de grace & de majesté aux charmes que la Nature leur a donnez, mais vous pouvez vous souvenir que ces mesmes femmes, je veux dire leurs meres ou leurs grands meres, vous ont plu encore davantage dans vostre jeune temps avec leurs coëffures à la Raye, qui leur rendoit le dessus de la teste extremement plat, & avec leurs garcettes gommées qui cachoient les trois quarts de leur front. Il a plu au temps de faire passer la mode des Fables anciennes & de leur substituer des sentimens aisez & naturels, pleins de bon sens & de delicatesse, je croy qu'il faut le trouver bon & s'y accommoder. Elles doivent eftre contentes du long-temps qu'elles ont duré & des bons services qu'elles ont rendu aux Poëtes pendant un fi longue fuite de fiecles.

Se fervir deformais de ces Billevefées;
 De ces antiquailles ufées.
Qu'Homere en fes Ecrits heureufement
 plaça,
C'eft dans une galante & riche Mafcarade
 Se veftir, & faire parade
Des habits d'un ballet qu'Henry quatre
 dança.

Pour ce qui eft de la Profe vous vous plaignez qu'on n'ofe plus mettre en œuvre les noms de Cambifes & d'Epaminondas dans une Harangue. Voilà un grand malheur ! eft-ce que ces deux noms, de mefme que ceux de Themiftocle, d'Alcibiade, & de Pericles, n'ont pas fatigué fuffifamment les oreilles de tous les Princes dans les Harangues qu'on leur a faites. Voulez-vous que le Roy, si le bien de l'Estat l'oblige à faire quelques voyages dans son Royaume, souffre encore la mesme persecution dans toutes les Villes où il y aura un Maire ou un Capitoul qui se pique d'estre éloquent ? Songez qu'elle fatigue c'est de se voir tomber sur le corps deux fois le jour, Themistocle ou Epaminondas, ou tous les deux ensemble. Je pardonne à de jeunes gens d'aimer ce qu'on leur a enseigné dans leurs études, & de prendre plaisir à mettre en œuvre les beaux endroits des vies de Plutarque, parce qu'ils font voir par-là à leurs Regens & à leurs Peres, qu'ils ont employé utilement leur temps à de bonnes lectures, & qu'ils en ont retenu les plus beaux endroits, mais je ne puis souffrir que des hommes sages, des Orateurs formez se parent de ces vieux ornemens. Je veux qu'ils parlent de leur Chef comme parloient les Anciens qu'ils veulent imiter, & qu'ils debitent leurs pensées & non pas celles des autres.

Ce n'est pas, Monsieur, qu'à parler bien serieusement, je ne sois tres-persuadé qu'on peut se servir encore heureusement des fictions de la Fable ancienne dans la Poësie Françoise, quand la matiere s'y trouve disposée; mais je croy qu'il faut en user sobrement, & sur tout ne pas s'imaginer qu'un ouvrage n'est pas poëtique quand la Fable ancienne n'y est pas employée. Pour ce qui est de la Prose, je ne doute point qu'on ne puisse fort bien citer Cambises & Epaminondas & tous les autres grands Personnages de l'Antiquité dans des ouvrages de Morale ou de Politique, mais je croy qu'il y auroit du peril aujourd'huy à les faire entrer dans des pieces d'Eloquence, sur tout dans les Harangues un peu polies. Je suis, &c.

Fautes à corriger.

PReface page 8. ligne 5. une homme, *lisez* un homme. Pag. 45. l. 20. demander graces, *lis.* demander grace. Pag. 59. l.17. chyromancie, *lis.* chiromance. Pag. 93. l. dern. quand il, *lis.* quand elle. Pag. 94. lig. prem. est preparé, *lis.* est preparée. Pag. 96. l. 17. qu'il en fait, *lis.* qu'il en a fait. Pag. 100. l. premiere. d'une lampe suspenduë qu'on avoit, *lis.* d'une lampe qu'on avoit. lig. 23. la pendule, *lis.* le pendule. Pag. 141. l. 13. que ces ironies sont offençantes comme c'est leur nature, *lis.* qu'elles sont offençantes comme c'est la nature des ironies. Pag. 171. l. 21. dont elle s'est composée, *lis.* dont elle composée. Pag. 280. l. 13. qu'on avoit faites, *lis.* qu'on en avoit faites. Pag. 283. l. 6. pas une du, *lis.* pas du.

www.ingramcontent.com/pod-product-compliance
Lightning Source LLC
Chambersburg PA
CBHW060640170426
43199CB00012B/1613